SHILIANG ZOU BI

石粮走笔
（上）

《粮油市场报》编

石少龙　著

河南大学出版社
HENAN UNIVERSITY PRESS

·郑州·

图书在版编目（CIP）数据

石粮走笔. 上 /《粮油市场报》编. — 郑州：河南大学出版社，2020.5
　ISBN 978-7-5649-4326-4

　Ⅰ.①石… Ⅱ.①粮… Ⅲ.①粮食问题－中国－文集 Ⅳ.① F326.11-53

中国版本图书馆CIP数据核字（2020）第089317号

责任编辑　付会娟
责任校对　林方丽
封面设计　郭　灿

出版发行　河南大学出版社
　　　　　地址：郑州市郑东新区商务外环中华大厦2401号　邮编：450046
　　　　　电话：0371-86059750（高等教育与职业教育出版分社）
　　　　　　　　0371-86059701（营销部）
　　　　　网址：hupress.henu.edu.cn
排　　版　河南大学出版社设计排版部
印　　刷　广东虎彩云印刷有限公司
版　　次　2020年9月第1版　　　　　印　次　2020年9月第1次印刷
开　　本　710 mm×1000 mm　1/16　　印　张　7
字　　数　115千字　　　　　　　　　定　价　20.00 元

（本书如有印装质量问题，请与河南大学出版社联系调换。）

自　　序

　　承蒙河南大学出版社农家书屋项目人的厚爱，在稍前发行《水煮粮史》之后，接着编辑出版《石粮走笔》上、中、下三册。上册为大国主粮、国家重粮、史海钩粮3个篇章，中册为灾害损粮、媒体载粮、边境管粮、域外看粮4个篇章，下册为文学颂粮、艺术讴粮、古诗咏粮、方寸美粮4个篇章，共有文章143篇。两书累计收文数百篇，每篇千余字，是我自2013年底至今的六七年间，利用工作之余、退休之初的闲暇时光所作。现在回望起来，不禁感慨系之。

　　粮食是个古老而又年轻的东西，须臾离开不得，故而至今频提粮食安全。而这篇篇文稿，多涉粮史，关乎粮安。粮史可谓茫茫大海，一望无际，深不可测。欲往史海钩沉，好似畅游海洋一般，能抵达的区域非常有限，能潜入的深度多么可笑。而个人遨游粮海，同样只可触及某些角度，只能沉至某个深度。或若有恒心，有时闪过某一个灵感，有时迷恋某一刻惊喜，自己发现了，爱上了，便会专注，便将耕耘，便有小的收获。

　　然而，真做起来，难度不小。譬如"大国主粮"，为写某种主粮，就得从理论与实际相结合的层面，探究其之所以称主的前世今生；譬如"古诗咏粮"，为写某个粮品，就将品读上百首甚至几百首诗词，提炼一串串与之相关的食粮元素；譬如"方寸美粮"，为写某类邮票，就会翻阅数本邮票图鉴，浏览数百枚邮票图片，找寻若干可为众人认可的看点。有时为弄清一个典故，会先推辞亲友聚会，再驻足于图书馆、穷搜在互联网；有时为完善一篇初稿，会先完成工作上的加班，再摆放一个礼拜，期待又一个不休的周末终稿。把可能被岁月遗忘的历史翻腾出来，把可能在空间散失的细节捡拾起来，尽管内容似显芜杂，但分门别类后归到一起，也是自己所做的一点努力，盼能差强人意。本人自觉才疏学浅，无力面向粮海获取更多奥妙，仅见海面上的几朵浪花，且拾海滩上的几个贝壳，集成《石粮走笔》，于21世纪20年代的第一个夏天，奉献给读者。

  粮食作物都是由野生植物经栽培、驯化而来，在这一漫长的演变过程中，多少代先民因时制宜，因地制宜，披荆斩棘，历尽艰辛，培育出适合彼时彼地条件的粮食类型，并造福于一代又一代。作为后来者，我惊诧于古人的勤劳和智慧。当过3年农民，尔后一直服务粮农40年的我，应当致敬为盘中餐而辛勤劳作的现代农人，我对他们一直心怀感恩，书中可见其可敬的身影。以"共和国勋章"获得者袁隆平院士为代表的当代粮食科研工作者，长期以来为人类的温饱无私奉献，普天之下的芸芸众生当会献上美好祝福，我亦怀着景仰之情，于文中屡提袁老大名。从事粮食流通工作的粮食人是我的同行，我见证过他们的吃苦耐劳和默默无闻，我的笔下不可能不为其着墨添彩。

  所辑文章，多在《粮油市场报》"石粮走笔"专栏首发过。"石粮"之"石"，取"食"之谐音，意即"食粮"；"食粮"虽与"粮食"指代不同，但一定意义上有殊途同归之效，此乃报人之用心良苦也。如今，栏目名移接成书籍名，不失为一件有趣的事情。为此，我还要感谢为组稿、编稿以及为此书的出版付出心血的《粮油市场报》编辑，他们也是可爱的粮食人。

  本书借鉴了诸多人士的研究成果，在此特致谢忱。至于撰写中的疏漏及不当之处，还望诸位读者不吝指正。

  是为序。

石少龙

2020年暮春于长沙

目　录

大国主粮
Daguo Zhuliang

稻米的故事 …………………………………………… 003
新中国水稻生产 ……………………………………… 005
今昔插秧节 …………………………………………… 007
水稻插秧赛 …………………………………………… 009
水稻高产赛 …………………………………………… 011
小麦的故事 …………………………………………… 013
新中国小麦生产 ……………………………………… 015
开国之初选麦种 ……………………………………… 017
小麦丰产评奖 ………………………………………… 019
小麦劳模 ……………………………………………… 021
优质小麦 ……………………………………………… 023
小麦生产的未来 ……………………………………… 025
玉米的故事 …………………………………………… 027
新中国玉米生产 ……………………………………… 029
玉米丰产能手 ………………………………………… 031
玉米国家收购 ………………………………………… 033
玉米与乙醇 …………………………………………… 035
玉米进出口 …………………………………………… 037

国家重粮
Guojia Zhongliang

- 粮食安全的第一次 …… 041
- 粮食安全的重要文献 …… 043
- 粮食安全图书 …… 045
- 粮食安全社科基金项目 …… 047
- 粮食安全博硕论文 …… 049
- 粮食安全指数 …… 051
- 学校节粮美德与传承 …… 053
- 粮食增产的贡献因素 …… 055
- 规划粮食种植面积 …… 057
- 规划粮食单位产量 …… 059
- 规划油料面积与单产 …… 061
- 防控病虫保丰收 …… 063
- 兴修水利多产粮 …… 065
- 防治鼠害保好粮 …… 067
- 科技支撑保粮安 …… 069
- 良种推广助粮丰 …… 071
- 农业机械中的烘干机 …… 073
- 谷物烘干作业成本 …… 075

史海钩粮
Shihai Gouliang

苏区借谷……………………………………………………079
野菜充饥志更坚……………………………………………081
野菜读物变迁大……………………………………………083
野菜当粮在国外……………………………………………085
台湾的谷物干燥……………………………………………087
古今粮食港口………………………………………………089
野生稻概说…………………………………………………091
发现野生稻…………………………………………………093
野生稻名字杂谈……………………………………………095
野生稻与纬度………………………………………………097
国外野生稻…………………………………………………099
野生稻文化…………………………………………………101
稻草人的演变………………………………………………103

中国粮油书系第三卷之
石粮走笔（上）

大国主粮

Daguo Zhuliang

稻米的故事

人类栽培稻谷的历史，非常悠久。其他几种主粮和几十种杂粮，与稻米一起供养过生活在地球上的人们。

由于地理和气候因素，中国农业起源有"南稻北粟"一说。粟、麦、稻，是古代三大主要粮食作物，唐宋以后，南方出现围田、梯田、沙田、涂田等多种土利用形式，大量旱地被改为水田，稻取代粟麦而居首位。而玉米16世纪才传入中国，其口粮地位比不上稻麦。

那么，水稻起源于何地，目前尚存争论。20世纪30年代，苏联植物学家和遗传学家瓦维洛夫认为栽培稻最先起源于印度恒河流域。中国农学家丁颖提出水稻起源于中国华南地区的观点。

至少，中国是世界上最早栽培水稻的国家之一。考古发现，1973年，浙江省余姚县河姆渡遗址有距今大约7 000年的栽培稻遗存；1988年，湖南省澧县彭头山新石器时代遗址有9 000年前的稻谷遗存；1995年，湖南省道县玉蟾岩遗址有一万多年前的稻谷遗存，江西省万年县仙人洞和吊桶环遗址有水稻植硅石标本。后两处发现，将中国的稻作起源提前到距今一万二千年前。

有人认为，水稻种植始于旱稻。在平原，在山地，旱稻可以采用刀耕火种的粗放生产方式种植。由刀耕火种发展而来的"火耕水耨"，是用火来耕种、用水来除草的一种原始耕种方式。汉代文献就用"火耕水耨"表述南方水稻的栽培方式，其特点是以火烧草，不用牛耕；直播稻种，不用插秧；以水淹草，不用中耕。不少学者也认为，已发现的野生稻种都是湿生和半湿生的，水稻种植并不一定源于旱稻，可能是先有水稻然后有旱稻。

到了宋代，水稻分为早、中、晚；再到元代，水稻则有籼、粳、糯。稻的汉字统一简化为籼、粳、糯，有个发展过程。农史学家游修龄说，籼原本作"籼"，后来以"籼"代表植株，以籼代表米粒；粳原本作"秔"，又写作"稉"，另创粳，代表米粒；糯本作"稬"或"穤"，后来专以糯代表米粒。

　　古代，稻米可用来煮酒、熬糖、做糕点。煮酒，如4 000多年前的《黄帝内经》，有黄帝与医圣岐伯讨论黍、稷、稻、麦、菽等五谷来造酒的记载。3 000年前的西周时代，有稻米酿酒的记载，《诗经·豳风·七月》写到"十月获稻""为此春酒"。熬糖，如用稻米发的蘖芽煎熬出饴糖。做糕点，如农历新年面市的应时食品年糕。

　　当今地球上的粮食品种，大米养活的人口最多。中国创造了令世人瞩目的用世界上7%的土地养活世界上22%人口的奇迹，出自稻田的稻谷，是中国口粮消费的重要食源，约占口粮消费总量的六成左右。

　　2018年，世界稻谷产量比1961年增长了2.46倍，即从2.26亿吨增长到7.82亿吨，这主要来源于单产的提高。新中国成立后的前61年，稻谷产量一直是产量最大的品种，一直到2011年，才被玉米产量超越。

　　未来人口对稻谷供给的压力持续存在，历史将续写水稻故事。以中国为例，《中国农业展望报告（2020—2029）》预计到2029年，稻谷总产量稳定在2亿吨以上，而《国家人口发展规划（2016—2030年）》预期发展目标是2030年达到14.5亿人左右。如此，稻谷人均占有量将下降到140公斤以下，这是动物性食品、木本食物及果蔬等非粮食食物消费增加后人均口粮消费稳中略降的趋势，同时告诉我们，包括稻谷在内的粮食生产还得稳定发展。

新中国水稻生产

新中国成立后的70年的稻谷产量，从1949年的4 864.8万吨增加到2019年的20 961万吨，增长了3.3倍，堪称人类稻作史上的奇迹。

稻谷单产的增加，弥补了耕地的不足。我国人口多，山地多，平原少，耕地十分有限，而稻谷播种面积呈减少态势。2019年，稻谷播种面积为29 690千公顷，在70年中排第50位，只比1949年增加3 981千公顷，增加15.5%，比最多的1976年36 217千公顷，减少6 527千公顷，减少了18.0%，而2019年的稻谷产量比1949年增长了3.3倍。稻谷产量的增加，主要来自单产的增加。2017年每公顷产量为6 916.9公斤，也比1949年增加了2.7倍，比世界平均水平高50.1%。单产的增加，二十世纪六七十年代推广矮秆品种、大面积种植双季稻，七八十年代的杂交水稻和新一代常规矮秆良种的大面积推广，功不可没。

粮食总产量中稻谷占比减少，但稻谷产量持续增加。70年统算，我国累计生产稻谷102亿吨，稻谷产量占粮食产量的比重平均为39.3%。高于这一平均值的年份有45个；低于平均值的年份有25个，其中包括2001—2019年的19个年份。与粮食总产量比较，1972年稻谷产量为11 335.5万吨，占比最大，为47.1%，几近一半；2019年稻谷产量为20 961万吨，占比最小，为31.6%，不及三分之一。稻谷产量占比减少，并非稻谷生产萎缩，而是玉米生产提速。稻谷2015—2019年的每年产量，均高出前65年的任何一年，而玉米产量占粮食总产量的比例，2006年首次提高到30%，2015—2019年都在39.1%~40.1%之间。70年来，稻谷平均增长速度为2.1%，总体向好。

人均稻谷占有量稳定在较高水平。目前，我国人均稻谷占有量达到150公斤左右，比1949年时的90公斤增长了三分之二，将近高于世界平均水平的一半，而人均稻谷占有量最高时为1984年的171公斤。1982年1月1

日，中央第一个一号文件出台，肯定包产到户等各种生产责任制都是社会主义集体经济的生产责任制。此后，中国政府不断稳固和完善家庭联产承包责任制，包括延长土地承包期一般应在15年以上。1984年稻谷产量达到17 825.5万吨，比1978年增加4 132.5万吨，增长了30.2%。21世纪10年代的后几年，稻谷连续多年产大于需，库存处于历史高位，到2020年时已能满足一年以上的消费需求。少量进口主要是为了品种调剂，如2019年大米进口量仅占当年产量的1.8%。不过不要忘记，我国人均稻谷占有量有过低谷时期，包括"三年困难时期"的1961年跌至81.5公斤的最低点，以及2003年稻谷产量滑坡时124公斤的较低点。

稻谷、小麦和玉米成为养活中国的三大主粮。从1949到1989年的40年，每年的稻谷产量大于小麦和玉米产量之和。1989年，全国稻谷产量为18 013万吨，占粮食总产量的44.2%，而小麦产量为9 081万吨，玉米产量为7 983万吨，小麦和玉米产量合计占粮食总产量的41.9%。1990年，二者占粮食总产量的比例分别变成42.4%、43.7%，这种稻谷小于小麦、玉米产量之和的状况，一直持续到今天。而且，2011年，玉米产量上升到21 131.6万吨，占粮食产量的35.9%，首次超过稻谷。该年稻谷产量为20 288.3万吨，占粮食产量的34.5%。这种稻谷产量少于玉米产量的状况，也延续至今。但作为主粮，稻谷更多的是作为口粮食用，而玉米较多的用作饲料。"确保谷物基本自给、口粮绝对安全"这一新粮食安全观的践行，将彰显稻谷、小麦和玉米三大主粮的作用。

目前，我国稻谷产需有余，完全能够自给，进出口主要是品种调剂。而人均稻米等口粮消费将稳中略降，饲料和工业转化用粮消费继续增加。

今昔插秧节

起源东汉的插秧节,已有1 800年历史。只是过去开秧门即栽秧首日,需祭祀天公地母,供上牲品,跳起傩舞;而如今脚踩水田,手持秧苗,多地仍在欢度着插秧节。人们祈祷五谷丰登的本意始终不变。

都市插秧节活动频繁。2004年,海淀公园开辟"一亩三分地",组织首届插秧节活动,至2019年,已成功举办16届。海淀公园位于北京西北四环万泉河立交桥西北角,面积34公顷。康熙二十九年(1690年),公园建筑告竣,正式命名为畅春园,康熙皇帝很喜欢这座园子,每年都要去那居住和处理朝政。畅春园种植过专供皇家食用的京西稻。一年一届的插秧节活动,或有上百家庭参与插秧,水稻专家现场指导;或设置香粥与稻米文化展,让游客增长京西稻知识;或开辟科技试验田,使学生感受稼穑之乐。

非水稻产区的北京,水稻种植面积已缩减到2 000公顷,但插秧节的欢乐总在。如京郊大地插秧节、海淀区2012年京西御稻插秧节、海淀区浪河镇2019年首届京西稻插秧节、海淀区海淀镇连办3届京西稻插秧节、房山区连办6届水稻插秧节、顺义区北小营镇已举办3届水稻插秧节。

大都市上海,首届横沙乡插秧节2019年在丰乐村隆重举行,260亩水稻田所构成的6幅"连环画",绘出国家一级保护动物"小江豚"跟着妈妈游历世界、收获成长的画面。

各省插秧节丰富多彩。广西省龙胜梯田每年6月6日有当地的插秧节,中国盘锦第一届插秧节2015年在盘山县大米博物馆举办,"十月获·稻梦空间"万人插秧节2016年在恩施市盛家坝乡举行,泉谷湾插秧节2017年在贡米原产地江西省万年县荷桥村进行,江南运河插秧节2018年在江苏省常州市佳农探趣休闲生态园开幕,2018年首届大别山插秧节内容涵盖农耕表演、插秧比赛、浑水摸鱼、泥田捉鳅、民俗美食。首排秧苗,由德高望重的年长者插下，其他人紧跟而上。

　　民族插秧节传承千年。栽秧首日，白族人要举行栽秧会，俗称"开秧门"，祈福仪式有祭祀、焚香点烛、载歌载舞、诵经、放鞭炮等。作为仅次于年节的农事节日，栽秧会在云南大理白族自治州周城村，由村里大水田的所有者先开秧门，之后其他农户才可插秧。该大田所有者不仅拥有较多土地，且有较高威望。开秧门的人家请村中一位组织能力较强的人担任秧官，包括组织扎秧旗、请乐队、调劳力、排顺序、查进度等，栽插后还有聚餐与表演。开秧门那天，高两丈的秧旗树立在栽秧的田头，顶端有用各种彩绸扎就的升、斗，象征五谷丰登。有的栽秧会，几十户或全村农户自愿互助，以换工方式展开集体栽插。栽秧会又叫插秧节，已列入省级非遗项目。

　　2017年6月，湖南省湘西自治州芙蓉桥白族乡合群村村民，与来自周城村的插秧能手40多人同场竞技，拉开了栽秧会序幕。不到20分钟，2.5亩水田即栽插完毕。合群村是白族村，明初由大理迁徙而来，与周城村同根。几年前，两村结为姊妹村。

　　广西省大瑶山内五大瑶族支系之一的茶山瑶，每年夏历四月的插秧节更具合作精神，青年人身着节日盛装，汇合在金秀河下游的长滩开始春插，自下游到上游，依次插完沿河十村的水田，再集中抢插北部山区各村的水田，直至插完全族系的水田。

水稻插秧赛

"手执青秧插满田,低头便见水中天。心地清净方为道,退步原来是向前。"这禅诗暗示着做人之道,却也描写了手工插秧场景。

人工插秧,千年相传。中华人民共和国成立初期,有过插秧比武。开展全民水稻插秧竞赛,确保提早插秧,是辽宁省水稻丰产的经验。1959年,163名选手参加该省插秧比武大会,孙秀英创造了1小时插秧8 616穴的最高纪录,荣获特级插秧能手称号。营口等18个县涌现出7 956名省级插秧能手,其效率达到4 500穴以上,比一般速度提高两三倍。

1961年,新华社报道广东省徐闻县农民李丽花日插田一亩三分。她用左手拇指和食指分苗,并靠近田面,右手接种,两脚分开与肩同宽,插左边苗时,右脚后退一步,这样左右脚来回交替,一横排插8株,所插秧苗横竖排整齐划一,其速度超过男社员正常速度的一倍,是地区比武中的插秧能手。50多年后,当地县委党史室派人慰问了年过八旬的丽花老人。

为摆脱繁重的插秧劳动,20世纪50年代,新中国开始研发水稻插秧机。1957年,首届全国农展会展出的插秧机,日插30亩,为30人的劳动量。进入21世纪,插秧机拥有量增速很快,2000年为4.45万台,2005年7.9万台,2010年突破30万台,2019年达到90万台。高速插秧机日插秧约60亩。

2009年夏种前,江苏省举办插秧机作业技能竞赛,4万多名插秧机手参与,几轮遴选后,13个市代表队的39名选手参加决赛。先是最能体现速度的理论和维修技术测试,再是最能体现实力的水田实际操作,合并成绩居前者获评"农机技能标兵"称号。

安徽省2010年举办机插秧技能大赛,12个市级代表队参赛。43岁的宣城市绿野水稻全程机械化合作社社长王义成获得第一名。

2017年,黑龙江省通河县组织2 017名农民在4.2公顷水田上插秧,13

分23秒共插700万株稻秧，创出"最多人一起插秧"新吉尼斯世界纪录。选手年龄最大98岁，最小13岁。原"世界最多人插秧"世界纪录，是台湾桃园市2012年创下的1 215人用16分20秒插秧300万株。

同年4月22日，为第48个世界地球日，来自闽浙粤赣的386组家庭1 132人，在惠安县绵羊农场参加"九仙山杯创造吉尼斯 千人亲子齐插秧"活动。大约30分钟后，29.3亩水田插满秧苗约9万株。

水稻插秧比赛，无统一标准，但多地自创了有趣可行的方法。2018年五一节，湖南农大插秧赛，分为传统手插秧技能男女学生个人赛及其团体赛、机插秧技能学生团体赛、传统手插秧技能教职工赛。手插秧项目，选手得在规定时间高质量地完成任务，评委依插秧株行距、深浅度等项打分。机插秧学生团体赛以班级为单位，考察操作技术、插秧速度和质量，以完成任务所用时间和机插漏兜率为考量标准。同年，黑龙江省五常市首届插秧节，最先插完35米长水田、秧苗行距和株距符合规则、秧苗不漂浮于水面者，为第一名。

2014年4月，湖北省首次水稻机插秧作业大比武在监利县举行。参赛插秧机有国内外21家厂家的30种品牌。比赛伊始，6行乘坐式插秧机组的插秧机全力驶向终点，机后留下一片嫩绿。裁判组对参赛机器的作业性能、效率、质量、稳定性进行评判打分，全体参会代表对比插秧机作业进行观摩打分，公开投票选出农民最喜爱的插秧机。

粮食行业参与进来，既有多地米业承办的全县插秧赛，也有央企如中粮米业打造的水稻开耕节，如2019年5月黑龙江省虎林市虎头镇万亩大地号上，有过别开生面的插秧赛，展现了粮食员工的风采。

水稻高产赛

人类运动会一般是层层选拔、周期性举办。人类掌控的粮食高产赛，虽不如其规范，可赛级也分国家和地方，赛项亦有团体与个人。让我们来看看水稻高产赛。

先观"国家赛"。新中国成立之初，政务院《关于一九五一年农林生产的决定》规定，开展群众性的劳模运动和群众性的生产竞赛。为此，中央农业部发出"在全国范围内开展爱国主义丰产运动"的号召，全国著名劳模李顺达互助组提出保证农作物丰产的挑战书，各地劳模应战，形成全国性丰产竞赛运动。1952年，增产竞赛运动更为高涨。上年首创全国单季晚稻亩产716.5斤的陈永康互助组，提出水稻丰产每亩千斤以上的挑战。当年全国稻谷亩均产量，由1949年的126公斤提高到160.5公斤。60年代，陈永康水稻高产技术应用面积1.05亿亩，创造出数十亿元的经济价值。1979年，他被国务院授予"全国劳动模范"。

再观"地方赛"。各省有行动，边疆不例外。新疆维吾尔自治区1980年发出《关于开展水稻高产试验、示范竞赛活动的试行办法》，在重点水稻县开展高产试验、示范推广竞赛活动。要求小面积高产试验为1亩以上，单产700公斤；大面积高产示范为100亩以上，北疆单产500公斤，南疆400公斤。在水稻主产省江苏，昆山市2016年展开了水稻绿色高产竞赛，20个种粮大户及基地依"绿色食品机插水稻优质稻谷生产规程"组织生产，摘得"优秀示范户"称号，并以每亩超过800公斤的高产再创昆山常规粳稻单产新纪录。中国水稻第一县监利县以绿色农业引领全省，2019年虾稻共作面积突破百万亩，全国每7只小龙虾约有1只产自监利。高产又优质，来得实在。

还有"团体赛"。吉林省农垦系统持续开展水稻高产竞赛，1987年参赛的50户亩产440公斤，1988年36个参赛户为525公斤（一户达650公斤），1989年23个高产户为550公斤，均高出全省平均水平100多公斤。三年竞赛，全省水稻产量平均提高8.33%。

也有"个人赛"。辽宁省辽中县高力庄子村农民刘玉忱耕地5.5亩，运用水稻综合丰产技术，赢得好成绩，1987年为811.5公斤、1988年为845.13公斤、1989年为730.2公斤。连续3年获沈阳市水稻"丰收杯"竞赛第一名，并获辽宁省水稻高产赛1988年第三名。江西省奉新县既抓高产创建示范片工作，又组织单个粮农参赛，如赤岸镇的李小珍，2009年双季水稻亩产1 323公斤，获全省水稻高产竞赛第一名。

水稻高产竞赛是永不落幕的"赛事"，中国科学家群体是稻作竞技场的优秀教练员。而谈到高产，不能不提"共和国勋章"获得者袁隆平。他一生致力于杂交水稻研究，发明"三系法"籼型杂交水稻，成功研究出"二系法"杂交水稻，创建了超级杂交稻技术体系。截至2017年，杂交水稻在中国已累计推广超90亿亩，共增产稻谷6 000多亿公斤。袁隆平培育的超级杂交稻单产达到每公顷近18.1吨，刷新了世界纪录。中国杂交水稻研究始终居世界领先水平，创造了国际"水稻高产长跑赛"的最佳成绩。

至于1958年放"卫星"竞赛，有过稻谷亩产几万甚至十几万斤的报道。湖北省麻城县建国一社，在1.016亩播种"江西早"种子的早稻田，创出平均亩产干谷36 956斤的"惊人"纪录；早稻登场，国内报纸、电台竞相发表《广西环江县放出水稻亩产十三万斤大卫星》。这些赛场丑闻，已成历史教训。

小麦的故事

小麦是人类对其野生祖先进行驯化的产物,栽培史达万年以上。世界产麦地有苏联南部、美国中部平原和加拿大相邻地区、地中海地区、中国、印度、阿根廷北部和澳大利亚的西南部。1944年,学界将利物浦、伦敦、温尼伯、芝加哥、布宜诺斯艾利斯、柏林、巴黎、布达佩斯、米兰列为小麦的重要国际市场。

如同野生稻一样,也有植株丛生、穗茎脆弱、成熟时籽粒自然脱落的野生小麦。墨西哥科学家发现过一种野生小麦,在缺水的不毛之地能成活6个月,能耐0℃以下低温和50℃高温,所含纤维素相当于普通小麦的3倍。

考古学家认为,小麦起源于西亚,后传入中国,并逐步取代粟和黍,成为北方旱作农业的主体农作物,和稻共同形成了现今中国"南稻北麦"的生产格局。如同北方有稻一样,南方也有小麦。中华人民共和国成立次日,湖南临时省政府通令各县市区政府,所有可耕地,除必要需浸水过冬者外,一律按当地习惯播种小麦等作物,并要求当地所有机关、学校、驻防军队组织助耕队,帮助缺乏劳动力之贫苦农户耕种。

也有人认为,小麦和水稻决定着中国历史的演变:国人从北向南的迁徙,不过是小麦、水稻的接力赛而已;当黄河流域的王朝承受着巨大的供粮压力时,长江流域的水稻正等待向北方迁入呢!中国的小麦种植出现的时间晚于水稻。黄河流域小麦的栽培起始时间距今5 000年左右。传统的观点认为,全国广泛种植小麦始于汉代。但2016年西安出土的2 800年前的小麦颗粒,说明至少在西周中期,小麦已在国都镐京周围开始规模化种植。小麦分三大产区:北方冬麦区,主要分布在秦岭、淮河以北,长城以南,主产区有河南、河北、山东、陕西、山西诸省;南方冬麦区,主要分布在秦岭、淮河以南,主产区集中在江苏、四川、安徽、湖北等省;春小麦区,主要分布在长城以北，主产区有黑龙江、新疆、甘肃和内蒙古等省。冬麦区多为一年一熟或两年三熟。春小麦生长期较短，通常为80~120天，基本为一年一熟。

古代文献中的"四谷""五谷""六谷""九谷"，都包含有"麦"，如"四谷"中有黍、稷、稻、麦，"五谷"有稻、麦、黍、稷、菽，"六谷"有稻、黍、稷、粱、麦、苽，"九谷"有黍、稷、稻、麻、秫、大豆、小豆、大麦、小麦。

《诗经》收录有西周初年至春秋中期的诗歌，其中七次出现"麦"字，产地主要在河南、山西、山东等地。为人熟知的"硕鼠硕鼠，无食我麦"出于《国风·魏风·硕鼠》一诗，意为：大田鼠呀大田鼠，不许吃我种的麦。首现"小麦"名称的农书是《氾胜之书》，其中的"宿麦"，即冬小麦，如"夏至后70日，可种宿麦"；"旋麦"即春小麦，如"春冻解，耕和土，种旋麦"。氾胜之是农学家，生活在西汉末期。

小麦科研，任重道远。新华社记者曾描述过小麦从播种、施肥、浇水、打药，到收割、收购、磨面的奇妙之旅。我国只能大量生产通用的中筋小麦，较少生产强筋、弱筋小麦，对专用麦开发有限。

新中国小麦生产

小麦是重要的口粮，我国口粮消费总量的43%左右为小麦。小麦加工的多样化，丰富了餐桌，带来了味觉享受，这是稻米所不能比拟的。

在我国，小麦现在是第三大粮食作物。以产量论，1952年玉米、稻谷、小麦之比为16.3∶66.2∶17.5，1978年为22.7∶55.4∶21.9，2016年为39.5∶37.3∶23.2，表明能从小麦中获得营养来源的机会呈增大趋势。而小麦占全部粮食产量的比例在1976年前一直没有达到16%，1983年前一直在20%以下。到了1983年，小麦产量首次登上8 000万吨台阶，达到8 139万吨，占粮食产量的比例达21%。此后一直比较稳定，不再回到20%以下，其中最高的1997年，占比达24.9%，该年小麦产量12 329万吨。

小麦播种面积最高年份是1991年，为3 094.8万公顷（4.6亿亩），为最低年份1949年的2 151.5万公顷（3.2亿亩）的1.4倍。2016年播种面积为2 418.65万公顷，比最高年份减少676.15万公顷（1亿余亩）。仅1991—2001年，黑龙江省就减少131.3万公顷、四川省减少78.2万公顷。再看远一点，两省小麦面积之和占全国的比重从1980年的14.8%减少到2011年的6.4%。

由于黑龙江春小麦从2000年新粮上市起退出保护价收购范围等原因，该省小麦播种面积2003年降到21万公顷，正好是1980年210万公顷的1/10。但小麦生产第一大省河南占全国小麦播种面积的比重，由1980年的11.9%上升至2015年的22.5%，种植小麦达542.6万公顷，产量为3 501万吨，占当年全国小麦产量的26.9%。

小麦产量最高年份是2015年，为13 019万吨，几乎为最低年份1949年1 381万吨的10倍。

2011—2016年的小麦产量，均占粮食产量的1/5。小麦主产省，以2014

年为例，主要集中在河南、山东、河北、安徽、江苏，五省产量占全国产量的76%，按乡村人口计算，五省人均产麦分别为644公斤、514公斤、382公斤、451公斤、419公斤。

相对小麦产量的变化，其种植面积变化不大，这是因为单位产出量增幅较大。小麦单产最高年份是2015年，为5 392.7公斤，为最低年份1949年的645公斤的8.4倍。小麦产量1965—1972年增长的八成、1973—1978年增长的七成靠的是单产的提高。1965年小麦单产首次突破1 000公斤，达到1 020公斤。14年后的1979年，小麦单产首次突破2 000公斤，达到2 137公斤。24年后的1989年，小麦单产达到3 043公斤。32年后的1997年，小麦单产达到4 102公斤。48年后的2013年，小麦单产达到5 056公斤。每公顷产量从1 000公斤登上5 000公斤的台阶，平均每增长1 000公斤用时12年。单产如此飞跃增长，优良品种、栽培技术是重要的科技因素，更有农民的努力耕耘。

我国小麦单产高于世界平均水平，2013年，比世界平均水平的3 268公斤，高出55%。但比德国的7 998公斤、法国的7 254公斤要低得多。

国内小麦总体上不能自给，进口小麦主要来自美国、澳大利亚和加拿大。二十世纪八九十年代，有11年的净进口量大于1 000万吨。小麦进口占粮食总进口的比重保持在50%以上。但2006年以后出现过少量出口。

不过，从20世纪90年代开始，我国人均消费小麦量开始下降。

1995年城乡居民人均小麦消费量分别为69公斤、81公斤，到了2010年，下降至55公斤、57公斤。

开国之初选麦种

1949年，中华人民共和国成立时，全国小麦年产量1 381万吨，只及稻谷产量的1/4，仅占粮食总产量的12.2%。国家建设急需增产小麦，于是解决小麦种子问题成为政府粮食工作的重中之重。

中央人民政府农业部于1950年4月发出的《关于发动小麦选种运动的指示》，指出"开展群众选种运动，评选优良品种，是保证5年内完成良种普及的重要步骤"，要求开展群众评选工作，进行抗锈病选种，发动群众进行田间选种。优良品种要根据收获量高低、品质好坏、病害多少、茎秆强弱、生长茂盛情形而定。对优良品种，实行高价收购或换购。如以往推广的优良品种，经村选委员会评定、农场检定，确属优良者，应划定留种地，实行田间去杂去劣、拔除病株等措施，且要单打单藏，再由种子公司以高于市价一成或两成收换调剂，或发动农民以高于市价一成或两成的同等品质小麦互换。

该指示下达一个月，山东省政府要求村选种委员会组织农民比庄稼、比劳动、比收成，评选出村中良种。村选良种送交区公所汇齐后，转送县选种委员会参加县选良种比赛，并选择若干个最优者为县选良种，再由县政府借地方粮兑换，交给农场及各村留种地繁殖。

该指示下达两个月后，陕西省农林厅要求有良种检定的地方可准备收购，收购加成问题可向群众解释，确实是按市场上好小麦价或麦子购换，并需把"天下农民一家人"的口号提出，必须互助互帮、增加产量、耐心说服教育，务必搞通群众思想，不要只从自己小利上着眼。

华东军政委员会农林部对小麦选种运动发出过补充指示，指示中提到可用地方公粮调剂，但必须保证拨多少还多少，推广损失及运输费从贷售利润中解决；种子公司与当地粮食部门订立借贷合同，并提早筹购麻袋，与粮食部门商讨借用较好仓库并可稍加修补。

1950年9月，时将种麦，河南省政府为增产粮食，要求各专署及农场对所掌握的小麦良种有计划、有重点地进行推广，并下发《麦种推广办法》《浸种拌种的方法及注意事项》。具体规定：对省外收购的麦种，事先择定地区拨运保管；对省内收回收购及公粮代征的麦种，就地保管、推广。

清末民初，小麦才成为黑龙江省主要粮食作物。1950年10月，黑龙江省政府鉴于冬种栽培在吉林已有40余年试种历史和在本省试验场及少数农家亦有成功的经验，下达了试种冬麦百余垧（一垧一般合1公顷）的任务，认为这是有关小麦品种改进、质量提高的大事，要求明春冬麦发芽后，无论成活率大小，一律不得毁种，活一棵保护一棵，保证其全部收成。

老解放区山东，1949年8月，小麦腥乌麦已蔓延至32个县。防除方法除推动群众改良施肥办法、杜绝因粪传染外，省政府责成各区准备无病麦种2 100万斤，以帮助腥乌麦地区解决麦种问题。小麦腥乌麦即小麦腥黑穗病或矮腥黑穗病，一般病株较矮，分叶较多，病穗稍短且直，病粒较健粒短粗，内部充满黑色粉末，破裂散出含有三甲胺鱼腥味的气体。

小麦丰产评奖

1952年5月，中央人民政府农业部发出开展小麦丰产评比运动的指示，要求通过比爱国、比互助、比技术、比庄稼、比收成，在爱国增产竞赛中评定小麦丰产模范，并组织46名干部组成小麦评比调查队，分赴小麦主产区协助工作。

8月又发布开展1953年度冬小麦爱国增产竞赛的意见，指出首先要比赛冬小麦全部播种面积的平均产量，其次比赛新纪录或高额产量。

9月，12个国营农场、1个农业生产合作社和12个互助组分别向全国发起挑战，很快有多个单位应战。11月，安徽省政府要求小麦产区的专区与专区、县与县带头开展竞赛。随即安徽省以县为单位，展开区与区、乡与乡、村与村之间的竞赛，然后发动合作社、互助组与组织个体农民，自找条件相近的对象，当面签订竞赛条件，普遍开展社与社、组与组、户与户之间的竞赛。山西省要求纠正"只挑不应""只应不战""战无胜败"的问题。

农业部公布了1952年农业丰产奖励暂行办法：模范领导单位，全面增产的县、区、乡（村）及获得高额产量的个人，只给予荣誉奖；国营农场、合作社、互助组、模范工作者及获得新纪录奖励的个人，除给荣誉奖外，可同时予以奖金。1952年，每亩高产奖励计算标准为：东北区旱地春麦350斤；河北、陕西、平原、山东、河南、陕西、新疆等省，北京、天津、西安三市旱地冬麦550斤、春麦450斤；华东区（除山东省）、中南区（除河南省）、西南区（除西康省）旱地冬麦450斤；西北区（除陕西、新疆二省及西安市）、内蒙古及察哈尔、绥远、西康三省水地春麦450斤、旱地春麦350斤。

1951年，全国小麦亩产的新纪录是：河南省史安福水地冬麦810斤，河南省张孝仁旱地冬麦640斤，青海省史春奎水地春麦678斤，松江省（后并入黑龙江省）蓝国焕旱地春麦481斤。但其栽培面积，最少的仅1亩，最多的只有8.4亩。

破纪录奖励是什么？山西省张德有1.2亩冬麦灌溉地，1952年亩产834斤，超过1951年全国最高纪录，获得爱国丰产新纪录奖状1份、爱国丰产奖章1枚、奖金100万元（旧币）。

1954年，农业部《关于开展爱国增产竞赛和奖励增产模范的指示》，认为过早制定全国统一的产量奖励标准，且偏重对小面积丰产奖励是个问题，便提出增产奖励标准应贯彻奖励大面积增产的精神，要求以各生产单位的全部播种面积，或主要作物全部播种面积的增产为准：全部播种面积的增产，需超过当地群众（一般以乡或村为单位）同年平均产量的一定比率，并须在正常情况下，超过本单位过去的生产水平。小面积上的高额产量，对大面积增产的确有重大意义者，也可给予奖励，但此项奖励名额不要过多。

1955年，农业部又对奖励农业增产模范作出规定，提出获奖成绩的计算方法：以受奖的生产单位（个体农民以户为单位）所种某一主要作物的全部播种面积的单位平均产量为标准。同时，农业部还对已获得过奖励的模范提出了获奖成绩的计算方法：已获奖的单位或个人，如果下一年的增产成绩超过原有获奖纪录的10%，可申请奖励；已获奖单位平均产量虽超原纪录不到10%，但增产面积显著扩大，且超过原纪录的10%，可再申请奖励。

但事后发现一些地方有虚报产量的做法。

小麦劳模

为小麦增产，全国多少人获评各级劳模，没有做过统计。但可以肯定的是，在粮食生产这片天地，既可因水田造就出"水稻之父"袁隆平，也可因麦地成就熠熠生辉的种麦人。

说到小麦劳模，首选1931年出生的李振声。他于1979年被国务院授予"全国劳动模范"称号，是中国小麦远缘杂交育种技术的奠基人，曾任中国科学院副院长、中国科学技术协会副主席，1991年入选中国科学院院士，2006年获国家最高科学技术奖。在博鳌亚洲论坛上，他曾回应美国人布朗的《谁来养活中国》一文，认为中国人可以养活自己，理由是中国耕地、草地和海洋资源及其开发利用的潜力巨大。虽有人说"南袁北李"，李振声却称不与袁隆平比名气。

陆懋曾，1952年任山东省农业科学研究所小麦组组长，长期从事小麦育种和高产栽培研究。2015年，他已87岁高龄，还亲临齐河县的农业部绿色增产模式攻关80万亩吨半粮高产高效创建示范区，实地查看小麦种植密度、整齐度、穗粒数、籽粒成熟度。

郭天财，河南农业大学作物栽培学与耕作学国家重点学科小麦栽培生理方向学术带头人、国家小麦工程技术研究中心书记，首创小麦、夏玉米万亩连片亩产超吨（1 548.6公斤）的记录。农民送给他一个既响亮又亲切的名字——郭小麦。

冯树英，山西省运城市蓝红杂交小麦研究中心主任，创造出独特的F型小麦雄性不育系和保持系，并选育出增产15%以上的优质高产小麦杂交品种，一举超过美国的T型小麦不育系。

全国先进工作者与全国劳模属同一层级。获2000年全国先进工作者称号的河南省小麦学会副理事长郑天存，培育的强筋优质品种"周麦19号"，既高产又优质。

2005年，河南省农业科学院小麦研究所研究员许为钢荣获全国劳动模范和全国先进工作者。"三年困难时期"骑在爷爷肩上、手中的小馒头被路人抢去的情景，成为他日后从业的一个动因。其成果"郑麦9023"，在强筋品质特性等方面领先国内外，2003—2006年年种植面积位居我国小麦品种首位。

2010年，荣获全国先进工作者的烟台市小麦研究所所长姜鸿明，主持和参加选育了12个小麦新品种，累计推广2.4亿亩，创效130亿元。他在试验田一泡就是十几个小时，从上万株麦苗中筛选出几株达标的进行培育。

2007年当选中国工程院院士的山东农业大学小麦研究所所长于振文，创出小麦实打验收亩产735.7公斤和727.4公斤的高产样板。

2015年，荣获全国先进工作者的河南科技学院小麦研究所所长茹振钢带头培育推广的"矮抗58"累计种植2.3亿多亩，增产107亿公斤，被誉为"黄淮第一麦"，农民称其为"麦神"。

河南省农业科学院小麦研究所主任吴政卿，主持或参加选育小麦新品种13个，其中3个品种累计推广1亿多亩，创效30多亿元。"郑麦366"为全国种植面积最大的优质强筋品种，年最大推广100万公顷。

已故全国劳模刘应祥，总结出"三个耳朵"的青苗管理法，即小麦返青期叶片出现旺苗（猪耳朵），肥水过头，控制生长；出现壮苗（驴耳朵），促控结合，一壮到底；出现弱苗（马耳朵），加水施肥，转弱为壮。

中国农业劳模余松烈，首创冬小麦精播高产栽培理论和技术，改变了"大肥大水大播量"的常规栽培方法，开创了黄淮海麦区小麦高产新途径，被称为中国现代小麦栽培学奠基人。

优质小麦

优质小麦，国外早已有之。1904年，加拿大的A.P.桑德斯和C.P.桑德斯，用杂交方法育成了以优质丰产名扬四海的春小麦品种"马奎斯"。苏联国内市场和出口均需大量的硬粒小麦。硬粒小麦的蛋白质含量较软粒小麦高2%~4%，硬粒小麦可以加工成优质的通心粉、面条和碎米。因而苏联在1959年开始的7年计划中，提出增加硬粒小麦产量的要求。后来，苏联推出了产量遗传潜力为7 000~8 000公斤/公顷的抗旱高产优质冬麦——乐疆78。1982年，该品种被评为籽粒品质最好的品种。20世纪70年代，美国农业科研人员在硬粒小麦中加入一对中国春小麦染色体以培育硬质优质小麦，使其蛋白质含量由13%增至16%，从而提高了面团拉力。20世纪80年代初，日本认为要使小麦制粉时易去皮、出粉率高、粉色好、粉质柔软而有嚼头，就需要优质小麦。

我国大包干后，开始了优质小麦的研讨与实践。1985年，全国小麦育种协作攻关组在石家庄市召开全国小麦品质改良研讨会，探讨小麦优质指标及鉴定路径。1986—1991年，先后4次召开全国优质小麦育种生产研讨会。1992年、1995年，农业部两次在京举办全国优质小麦品种品质现场鉴评会。此后，优质小麦产业渐热。

但直到21世纪初，我国专用优质小麦生产仍面临量不足、质不高不稳、90%以上依靠进口的尴尬局面。农业部2001年发布的《中国小麦品质区划方案（试行）》指出我国生产的小麦以中弱筋为主，不能满足市场需求，应加速现有优质小麦的合理布局和应用，并根据布局需要加速各类优质专用小麦品种的改良进程。

所谓优质小麦，即其品质优良而又稳定，且有专门用途，有良好的蒸煮或烘焙品质。小麦根据用途分为强筋类小麦、中筋类小麦、弱筋类小麦。

强筋类小麦蛋白质含量高，籽粒质硬，面筋度强，延伸性好，适合制作面包；中筋类小麦蛋白质含量和面筋强度中等，籽粒硬质或半硬质，延伸性较好，适合制作馒头、饺子、面条；弱筋小麦蛋白质含量低，籽粒质软，面筋强度弱，延伸性较好，适合制作糕点、饼干等。

1997年以前，虽然全国小麦育种的目标是以高产为主，但仍兼顾了优质因素，如湖北省自20世纪90年代初开始注重优质小麦的开发推广。

1997年后，全国优质小麦得以快速发展。湖北省2001年种植优质小麦20万公顷，占全省小麦面积的30%。1997年，河北省提倡种植优质小麦。从2000年开始优质小麦以年10%左右的速度增长，到2007年优质小麦面积占总播种面积的53%。山东省1999年优质高蛋白小麦收获面积约53.3万公顷，占全省小麦面积的13%，占全国优质小麦的26%，居全国首位。2007年，山东全省优质专用小麦面积达到253.3万公顷，优质化率76.3%。河南省1999年加快发展优质专用小麦，到2007年种植326.67万公顷，为小麦种植面积的62.7%。

农业部在2003—2007年实施了专用小麦优势区域发展规划。2007年，全国优质专用小麦面积1 460万公顷，优质化率达61.6%，比2002年提高了31.2%。之后，农业部又出台了《国家小麦优势区域布局规划（2008—2015）》。2008年，全国优质小麦收获面积1 600万公顷，占小麦种植面积的67.8%；优质小麦产量7 167万吨，占总产量的63.7%。2011年，小麦优质化率达到74.3%，但优质专用小麦仍供不应求。

小麦生产的未来

关注小麦生产的未来,最引人注目的当属小麦单产方面。农学家们很早就开始重视这一问题了。

小麦的产量潜力,取决于单位面积内的有效株数、每株小麦的有效穗数、每穗粒数、籽粒平均重量(即千粒重)。专家认为,作物产量的形成是光合产物的积累速率、光合产物向籽粒的分配强度、光合产物向籽粒分配的持续期及利用储存的同化产物运转能力的综合结果。换言之,作物产量是指作物在全生育期内通过光合作用和吸收作用,即通过物质和能量的转化,所生产和累积的各种有机物的总量。

对此,多少年来,多少人不懈地为之奋斗。

中华人民共和国成立初期,山东省的小麦亩产仅41公斤,1991年达到300公斤。1995年,山东省农业科学院的专家认为,积极推广系列配套栽培技术,分类指导不同麦田是进一步提高小麦产量的技术保证。这一大面积应用于生产的主要栽培技术体系,有常规栽培技术,精播、半精播高产栽培技术,非灌溉旱地高产栽培技术和晚茬麦独秆栽培技术等。应用得当,不同栽培技术体系均可获得亩产500~600公斤水平的高产。但已时隔20年的2014年,该省高产创建示范方的小麦平均亩产才达558公斤,高出全省平均亩产146公斤,这已经很不容易了。可喜的是,该省齐河县粮食绿色增产模式攻关高产高效示范区以651.6公斤的成绩刷新全国小麦大面积单产纪录。

西南冬麦区的四川小麦,10年来没有选育出较大面积亩产超过300公斤的品种,而有人把希望寄托在"超大穗"品种的选育上。1996年,四川农业大学小麦研究所"八五"期间选育出的多小穗品系,小穗数在26~31个,小区产量可达每亩700公斤。如将其一些性状加以改良,将是该省小麦品种产量潜力突破的希望。不过，在20年后，四川省的小麦亩产仍然没有登上500公斤的台阶。

与其他粮食单产的攻关一样，小麦研究的征程从来就不是平坦的。

20世纪70年代杂交小麦育种遇到困难的时候，有两件事对育种工作者鼓舞很大：一是我国杂交水稻研究突破生产应用关，并在稻作上大规模应用；二是华国锋根据杂交水稻的成就，指示杂交小麦也要尽快搞上去。这些使得研究者们信心倍增，决心在短期内突破杂交小麦生产应用关。

李振声院士对未来小麦育种提出了大幅缩短生育期的新见解，即把北方小麦生育后期的高温时段让出来，使成熟期提早半个月。他还认为，从世界研究动态看，提高光合作用效率、进一步挖掘单产潜力，可创造优异育种元件和选育突破性的新品种；可在育种途径方面实行远缘杂交和进行人工合成种的改良利用，且这些研究在国家973计划、863计划、国家自然科学基金和国家重大专项等的支持下都有了一定的工作基础。

明天需要什么样的小麦？当然不是一味追求产量的增加。中国农业科学院作物科学研究所研究员何中虎认为，除部分地区继续加强高产、更高产甚至超高产小麦品种培育之外，大部分地区应把培育高产、水肥高效、抗病、抗逆、广适性品种作为主要任务，当然优质面条和馒头及专用面包品质小麦品种等还需继续重视。

玉米的故事

玉米与小麦、稻谷并称为三大主粮。味道香甜的玉米，还可做出各式菜肴，也是重要的工业用粮。

玉米别名有几十种，叫得较多的有玉蜀黍、棒子、苞谷、苞米、包粟、玉茭、玉麦、珍珠米、包芦等。

玉米的别名，夹杂着其他粮食作物的名字，如苞谷的"谷"字、玉麦的"麦"字。甚至玉米有与其他粮食同名的叫法，如将玉米称为粟米。而粟米泛指粮食，也指小米。

玉米的祖先是一种生长在墨西哥的细长型野草——大刍草（又称类蜀黍）。玉米最早出自拉丁美洲的墨西哥、秘鲁一带，这一点有考古为证。在墨西哥，发现距今约7 000年的玉米炭化颗粒。在该国博物馆，可看到3 500年前的玉米化石和石磨，让人想象着先民生产、加工与享用这一食物的情形。在秘鲁，考古工作者考证出4 500年以前的玉米，还发现4 700年前用于储藏玉米的石结构仓库。

1492年，航海家哥伦布将他在靠近美洲大陆海地岛时看到的玉米报告给西班牙国王。他把那里独有的重要农作物称为"神奇的谷物"，描述其"甘美可口，焙干，可以做粉"。1494年，哥伦布再度航海归来，把玉米果穗奉献给西班牙国王。哥伦布发现美洲新大陆并将玉米带回欧洲，后来玉米传遍世界各地。在欧洲，玉米一度是作为观赏的植物。

关于玉米传入中国的方式，说法不一，但从路径分，无非是海路和陆路。

海路方面，经东南沿海传入内地，即由葡萄牙人或在菲律宾等地经商的中国人经海路传入中国。玉米很可能是16世纪初通过海路传入中国沿海和近海省份，再向内地省份发展。而菲律宾的玉米，是16世纪由欧洲传去的。

陆路有两条：一条是由印度、缅甸入云南的西南路线，一条则是经波斯、中亚到甘肃的西北路线。

也有人认为，大约在16世纪初，葡萄牙人将玉米传入印度、孟加拉国等地，而后从印度经中国的西藏传入内地。

还有人认为，云南应当是玉米进入中国大陆的最先落地生根之处。只不过，国内有关玉米的最早文献记载是1511年刊行的安徽《颍州志》，由此推断玉米传入我国可能是在1500年前后。

葡萄牙人曾将玉米传入多地。15世纪末，葡萄牙人将玉米带到印度尼西亚的爪哇岛。印度尼西亚是一个由18 000多个大小岛屿组成的"万岛之国"，爪哇岛是其中的第四大岛。种植玉米的葡萄牙人，陆续把玉米引种至南非等地。葡萄牙人为解决向南美洲贩运奴隶时所需的粮食，于16世纪初将玉米引入西非殖民地。在17世纪中叶，玉米又经陆地传到非洲南部。

如今，全球有100多个国家生产玉米，从北纬58°到南纬40°的地区均有大量种植，玉米产量占全球粮食总产量的35%左右。玉米主要分布国有美国、中国、巴西、阿根廷，这四国总产量占全球总产量的70%左右，其中美国占30%以上，中国占25%左右。

在我国，东起台湾和沿海各省，南起海南，西至青藏高原和新疆，北到黑龙江黑河地区，一年四季均有玉米种植。玉米栽培区一般划分为北方春播区、黄淮海夏播区、西南山地区、南方丘陵区、西北灌溉区、青藏高原区6个产区。2012年，全国玉米产量20 561万吨，首超稻谷。这一年，玉米成为我国产量最大的粮食品种。

新中国玉米生产

1949年，我国玉米产量仅为1 241.8万吨，2015年达到22 463.2万吨，是1949年的18倍，年均增长率为4.48%。

玉米产量的增长，来自播种面积和单位产量的增加。从面积看，1949年我国玉米播种19 372.8万亩，2016年为55 140万亩，是1949年的2.85倍。历史最高播种面积是在2015年达到57 178.5万亩。从单产看，1949年玉米亩产仅为64.1公斤，2016年达到398公斤，年均增长速度为2.77%。历史最高单产是2013年，每亩401.07公斤。

2015年玉米播种面积和产量均达历史最高水平。以这年各省的生产量来看，排位前6名的省份依次是：黑龙江3 544.1万吨、吉林2 805.7万吨、内蒙古2 250.8万吨、山东2 050.9万吨、河南1 853.7万吨、河北1 670.4万吨。而1981年排位前6名的省份依次是：山东794万吨、河北647.5万吨、四川594万吨、辽宁582万吨、吉林527.5万吨、河南480.5万吨。2011—2016年位居玉米产量省份之最的黑龙江，1981年的产量只有441万吨。

玉米占粮食总产量的比例超过其他粮食品种。改革开放前，玉米占粮食产量的比例，没有超过20%，多数年份在15%以下，2006年以来每年超过30%，最高的2013年达到36.3%，而这一年小麦只占粮食总产量的20.3%、稻谷占粮食总产量的33.8%，均低于玉米占粮食总产量的比例。

玉米在粮食产量中只是相对占有优势。历史上，稻谷占粮食总产量的比例最高时达到47.14%，那是1972年；小麦占粮食总产量的比例最高时达到24.95%，那是1997年。总体上看，三大主粮占粮食总产量的比例情况，相对于小麦走势平稳、稻谷逐渐回落，玉米则是一路上扬，但粮食中玉米的占比可能永远赶不上稻谷占比的峰值。

2004年，粮食购销市场化改革以来，我国实行粮食直补、良种补贴、农机具购置补贴、农资综合补贴政策，并从2007年起对玉米实行临时收储政策，推动了玉米产量迅速增长，以至于2012年以来的连续5年，玉米产量超过建国以来一直在所有粮食品种中领先的稻谷产量。

2015年9月，国家玉米临储价格下调到2 000元／吨，比2014年下调0.11～0.13元／斤，平均降幅高达12%，成为自2008年玉米开始大规模执行临储收购政策以来的首次下调。调价原因，有专家分析，是因为近几年我国玉米种植面积增长较快，加之国家收储政策的提价让粮库"暴饮暴食"，经济不景气又让相关企业"消化不良"，进口玉米价格低廉，让整个玉米产业患上了"高产量、高库存、高进口"的"三高"症状。

于是，2016年，全国玉米面积减少2 040万亩，但籽粒玉米调减面积3 000万亩左右，说明有的地方的玉米面积还有增长。同年，玉米产量减少到21 955万吨，减产2.3%。针对玉米库存多的问题，2017年继续调减"镰刀弯"地区等非优势产区玉米1 000万亩。

至于玉米消费，自20世纪90年代中期超越小麦后，一直占据我国粮食消费的第二位。玉米在口粮中的地位不高，以2009年为例，用于口粮的稻谷、小麦、玉米的比例分别为86.1%、75.9%、9.4%。但稻谷、小麦、玉米用于饲料粮的比例，其顺序相反，分别是7.7%、9.9%、61.8%。再往前看，2000年我国饲料玉米消费量8 000万吨，在玉米消费总量中占76.5%。而2015年我国国内玉米消费17 920万吨，其中饲用玉米用量约为10 600万吨。

玉米丰产能手

中华人民共和国成立初期的玉米丰产能手，我们先看几位农民。1950年，河南省洛阳市平乐区韩岐乡的韩俊昌，运用攻苗法、攻秆法、攻穗法即所谓"三攻法"，使当年的1.1亩夏播玉米，达到亩产472.5公斤的水平；1951年种了3.2亩地，系夏播玉米与黑豆间作，玉米亩产446.5公斤，超过当地一般产量的123%，被称为玉米丰产能手。

1951年，山东省莱阳杨逢成运用精耕细作、灌溉、多施肥的办法，在1.526亩土地上，创造了亩产575.5公斤秋玉米的好成绩，被人称为秋玉米丰产能手。他的玉米百穗粒重，平均17公斤，比一般的土地高2公斤。

广西壮族自治区乐业县花坪乡农场屯妇女黎静霞，1999年积极参加推广杂交玉米的示范活动，3亩责任田平均亩产694公斤。她亩施1 000公斤以上的农家肥加15公斤复合肥作基肥，苗期亩施10公斤碳铵作追肥，后期亩施20公斤尿素作攻苞肥，并采用单行双株的种植方法，保证每亩3 900株左右玉米。

1979年，只有初中文化程度的农民李登海，在山东省莱州后邓村创下中国夏玉米单产776.9公斤的最高纪录，他的玉米种子累计在全国10亿亩土地上推广，被称为"中国紧凑型杂交玉米之父"，评为"100位新中国成立以来感动中国人物"。

再看一位士兵。从1952年开始，新疆生产建设部队某部的副排长潘大勇和他的丰产小组连年获得玉米丰产。1954年，在228亩土地上，平均亩产461.12公斤，其中有33亩每亩达632.22公斤，还有2.7亩的产量创造了全国玉米产量的最高纪录，达到每亩772公斤。种子为苏联的"白马牙"品种，于表土10厘米处的地温达到10℃开始播种。之所以称"白马牙"，是因为籽粒像骏马的牙齿一样，饱满、圆润、洁白。还有一位公社书记，河南省长葛县坡胡公社党委书记马同义1955年利用深翻和选用黄马牙良种，创造了亩产536.5公斤的丰产成绩。1956年，13亩地平均亩产411.5公斤；1958年，513亩平均亩产284公斤，最高亩产659.5公斤；1959年，推广他的深耕改土和玉米栽培管理经验，全公社12 657亩旱玉米平均亩产328.5公斤，其中9 800亩大面积丰产方单产平均400公斤以上，并出现110亩500公斤以上的高额丰产田。玉米究竟翻多深？怎样翻？何时翻？根据历年丰产经验，马同义认为最合适的深度为1~1.5尺。

最后看看陈永贵。1963年，有人对大寨劳模陈永贵的玉米高产稳收经验做了考察。作为土石山区的大寨，1962年玉米亩产424.5公斤，比1949年的118公斤增加2.6倍。其基本经验，一是针对"三旱"（春旱、伏旱、秋旱），实行"三深"（深耕、深种、深中耕）多中耕，蹲苗促株；二是增施肥料，选用优种，合理密植；三是注意病虫害的防治。以深种为例，远在互助组的时候，陈永贵和贾承让在一块地上种玉米，陈的一半地亩施肥70担、种2寸多深，贾的一半地亩施肥40担、种3寸多深。结果，深种的亩产135公斤，比浅种的亩产110公斤增产23%。陈永贵认为：深种能把种子播种在较深、较湿润的土壤中，有利于根系生长。

大寨人劈山造田，玉米播种面积从1949年的208亩增加到1964年的516亩。他们实行土地排队，把不同品种种在不同土地上，同期玉米总产量从26 610公斤增加到225 943.5公斤，增加了7.5倍。

玉米国家收购

20世纪70年代以前，玉米只占粮食总产量的10%左右，甚至被称为好杂粮、好饲料。不少地方对其收购，不像对主粮稻麦那样重视，所购玉米多系自行消化，鲜有跨区规模流通。1985年，中共中央、国务院明确指出，取消粮食统购，改为合同定购，定购品种为小麦、稻谷、玉米和大豆。1985年底，国务院明确下年合同定购的粮食品种仍有玉米。

为保护农民生产粮油的积极性，1987年，国务院规定，粮食部门在完成合同定购任务之后，要积极议购，价格随行就市，略低于市价，并组织好议销。议销有余的玉米，符合国家质量标准的，经国务院批准可转为国家储备，由中央财政按合同定购价每公斤加4分钱同省结算。

玉米收购保护，有过"全保"与"非全保"的变化。1993年，国务院对主要粮食品种实行收购保护价制度，玉米的保护价为：关内玉米21元，关外玉米20元。2000年，国务院提出从新粮上市起，长江流域及其以南地区的玉米退出保护价收购范围。理由是这些地区的玉米产量和商品量都比较少，主要是农民自产自用，同时南方气候条件较好，除种植玉米外，还适宜种植其他多种农作物。将这些地区的玉米退出保护价收购范围，有利于促进农民调整和优化农业和粮食生产结构，发展其他粮食品种或经济作物；有利于东北、华北等玉米主产区充分发挥地区比较优势，优化全国粮食生产布局。2001年，国务院提出从全国粮食供求趋势看，今后实行保护价收购的粮食品种，主要是长江中游地区的中、晚稻谷，东北地区的优等稻谷，黄淮海地区的小麦，东北地区和内蒙古东部的玉米。2004年以来，稻麦先后有了最低收购价，玉米则无。此前此后一段时间，玉米价格基本由市场决定。

从2007年到2015年，实施玉米临时收储政策，我国玉米产量从1.52亿吨增加到2.25亿吨，各地出现"收不进、调不动、销不出、储不下""进口粮进市场，国产粮进仓房"的尴尬局面。2016年，中央要求在东北三省和内蒙古自治区将临时收储政策调整为"市场化收购"加"补贴"的新机制。三省一区统筹组织辖区内中央企业分支机构和地方骨干粮食企业带头入市，做到始终"在市"均衡收购，同时鼓励多元市场主体入市收购，并综合考虑农民合理收益、财政承受能力、产业链协调发展等因素，建立玉米生产者补贴制度。改革中，尽管有玉米价跌影响农民增收、个别地方出现阶段性积压的情况，有玉米价格"一夜回到十年前"及"新春大集不再红火"等声音，但对此须从改革的大背景中去看待，坚持"市场定价、价补分离"原则。总的来看，玉米收储制度改革成效显著。

玉米收购水分问题，曾被国家层面重视。1988年，规定农民待售的高水分玉米，因仓储和晾晒条件限制暂不入库的，可同农民签合同，预付部分货款。玉米达到安全水分即可接收入库，依质论价结算。1997年发现从吉林省、黑龙江省运入关内的玉米，水分超标现象严重，极不利于粮食保管，可能造成霉坏，国务院即要求东北三省和内蒙古自治区收购玉米要有一定的水分限制，各级粮食部门要努力搞好优质服务工作，方便群众售粮。

玉米与乙醇

把粮食制成燃料，既是一大发明，也让一些地方的过剩粮食有了出路。美国玉米农场主和乙醇制造业历经30年努力，曾要求国会通过汽油业在10年内每年在汽油中添加50亿加仑以玉米为原料的乙醇的议案，即所谓美国汽车开喝"玉米油"。

国内较早的报道，来自1985年的外媒，称数百万吨过剩玉米，促使中国考虑生产乙醇，上海某公司与法国某公司在安徽新建一乙醇厂，投资5千万法郎，每年耗用玉米4.5万吨，年产1.5万吨乙醇。

吉林燃料乙醇公司是国家批准建立的第一个大型燃料乙醇生产基地，由中国石油、吉粮集团和中粮集团共同出资，年产乙醇60万吨。以3吨玉米出产1吨乙醇计算，此项目每年可为180万吨玉米提供市场。第一条生产线2003年建成投产，投资额超过20亿元。2006年前11个月，公司采购玉米103万吨，生产乙醇33万吨。1/3的玉米直接从农民手中收购，全部现金结算，周边玉米价上涨20元～40元/吨，还创造了日收万吨新玉米的纪录。

2003年，"吉林汽车全省换'口粮'""乙醇汽油点燃'玉米经济'"之声此起彼伏。当年11月，吉林率先在全省封闭运行推广车用乙醇汽油，次年，辽宁、黑龙江两省紧随其后，河南、安徽两省及湖北等4省的部分地区跟着建立试点。2003年，湖南甚至有利用早籼稻年产燃料乙醇30万吨的声音。

乙醇生产增加了玉米需求，刚有富余的玉米出现缺口。2006年12月，针对玉米制造乙醇过热倾向和盲目发展势头，国家发改委与财政部要求各地暂停核准和备案玉米加工乙醇项目。那时，我国以燃料乙醇或非粮生物液体燃料等名目提出的意向建设生产能力超过千万吨，而"十一五"计划只有500万吨。发展玉米燃料乙醇之初，很大程度上是在考虑消化陈化粮。

2006年有专家呼吁，经过几年集中销售，陈化粮存量非常少了，而燃料乙醇发展受到原材料制约。更有专家表示盲目发展将给玉米供给带来沉重压力，并会挤压稻麦生产空间。2010年，沈阳农大教授李新华认为，只有当玉米产量翻番后，才适合大规模使用玉米生产燃料乙醇。而当年我国玉米产量为1.77亿吨，翻番需达3.54亿吨。国产玉米最多的年份才2.25亿吨。

于是，人们寻找新的原料。2006年底，中粮集团表示早在3年前就计划培育非粮原料，其"2007—2011年生化能源战略"，规划在多省新建以木薯、红薯、玉米为原料的工厂。

而2007年中国生物燃料考察组前往美国，发现生物燃料原料的非粮化趋势愈加明显，目光更多地是关注除玉米之外的纤维素等其他生物质原料。美国国会曾颁指令，约40%的玉米收成用于乙醇生产。

2012年，联合国呼吁美国立即暂停政府指令的乙醇生产，让玉米用于食品和饲料用途。

早在2005年，国务院就提出按照国务院批准实施的试点工作方案，稳步推进车用乙醇汽油推广工作。

2009年，国务院提出稳步推进非粮燃料乙醇应用试点，2014年指出重点发展新一代非粮燃料乙醇和生物柴油。2014年鼓励吉林开展非粮生物质资源高端化利用。2016年，为推进实施新一轮东北振兴战略，提出适当扩大东北地区燃料乙醇生产规模。仅黑龙江省就新上了一批燃料乙醇项目，国家粮食局也在配合做好扩大燃料乙醇产量和使用区域工作。

玉米进出口

我国玉米贸易，分年度来看，多数年度有进有出，少数年度出进几乎可以忽略不计；分阶段来看，时而出大于进，时而进大于出。

我国玉米进出口贸易始于20世纪60年代初，一直到80年代初，玉米以进口为主。80年代中期以来，玉米对外出口占出口粮食的九成。2004—2009年，出口有所下降，但保持净出口国地位，此后为净进口。

美国长期是我国玉米进口的最大来源国。2010年的一天，满载6万吨美国转基因玉米的"东方女王"轮停靠山东龙口港，这是我国首次大批量进口美国转基因玉米，美国农协、驻华使馆农业专员实地查看接卸、商检情况，了解中国对转基因玉米的态度。商检部门则全程封闭式监控，以排除直接食用转基因玉米的可能。2012年，我国从美国进口玉米511万吨，占进口玉米的98%。次年发生美国转基因玉米退运事件后，从美国进口量减少。

2015年，进口玉米主要来自乌克兰，累计进口385万吨，占总量的81%。

中国玉米出口市场集中在韩国、马来西亚、日本和印尼。韩国是中国最大的玉米出口市场，2005年高达589.5万吨，占当年出口的68%。

玉米贸易与政策关联度大。如20世纪80年代中期玉米外销形势好，但在出口计划及出口许可证管理等方面多头对外。为此，国家同意玉米出口纳入计划管理。2008年开始对粮食临时征收5%～25%的出口关税和出口配额管理制度，影响玉米出口。

我国玉米进出口有几个"奇特"现象。首先，由净出口国转为净进口国。我国一度是玉米净出口国，1992—2007年，除1993年、1995年、1996年较少出口外，其他13年年均出口755.5万吨。2008年出口20多万吨、2009年出口10多万吨，但两年进口各为几万吨，算是净出口。2010年玉米进口才引人注目，那年至今，我国一直是净进口，2010—2015年，年均进口319万吨。

其次，在玉米最高产量年创下进口最高纪录。2012年，玉米产量首次成为单个粮食品种的产量最高纪录，达到20 561万吨，并保持到2016年。恰恰是2012年，进口玉米521万吨，创年进口最高纪录。

再次，在粮食产量谷底创下玉米出口最高纪录。1996年，粮食产量登上5亿吨台阶，2003年减产到4.3亿吨，跌至谷底，而2003年出口玉米1 640万吨，是迄今为止的年度出口最高纪录。

上述第一现象，可解释为更多城镇人口对肉蛋奶消费的增长，推动了以玉米为饲料的畜牧业发展，加之实施限制玉米出口政策，以及进口玉米的价格优势促成大量进口国外玉米。第二现象，也有第一现象的惯性作用。而第二、第三现象虽有巧合，但令人深思。

至于转基因玉米，允许进口通过我国转基因安全审查、已经证明安全的11种，且只允许用于饲料加工。

中国粮油书系第三卷之
石粮走笔（上）

国家重粮

Guojia Zhongliang

粮食安全的第一次

各类重要会议、文献如何首次提及"粮食安全"？依时序综述如下。

联合国粮农组织的第一次。1974年世界粮食大会，通过了《关于世界粮食安全的国际约定》，得到发达国家和发展中国家的支持。粮农组织成立了世界粮食安全委员会，每年召开一次会议回顾世界粮食安全状况，并讨论改善的政策和措施。

世界粮食日的第一次。历届世界粮食日有9个主题涉及粮食安全，最早的是1983年，主题就是"粮食安全"。

国内出版界的第一次。1988年，中国人民大学出版社出版的《世界粮食安全概论》，由厉为民、黎淑英编著。该书12章，讨论了世界粮食安全的全局性问题和理论方法问题，介绍印度、亚太6个国家（地区）、非洲、美国、苏联、日本的粮食安全情况。

中国共产党党员全国代表大会全会公报的第一次。2000年，中共十五届五中全会提出"特别是要巩固和加强农业的基础地位，确保国家粮食安全，积极调整农业结构，实现农民收入持续增长"。全会通过的《中共中央关于制定"十五"计划的建议》（以下简称《建议》），提出"建立符合我国国情和社会主义市场经济要求的粮食安全体系，确保粮食供求基本平衡"，也是五年计划的《建议》中第一次出现"粮食安全"概念。

我国法律的第一次。2003年1月1日起施行新修改的《中华人民共和国农业法》。该法修改时新增"粮食安全"一章，即第五章，共六条规定：保护粮食生产能力，建立耕地保护制度；国家在政策、资金、技术等方面对粮食主产区给予重点扶持，建设稳定的商品粮生产基地；对部分粮食品种可以实行保护价制度；国家建立粮食安全预警制度和分级储备调节制度；国家建立粮食风险基金；国家提倡节约粮食，改善人民的食物营养结构。

中共中央"决定"的第一次。2003年,中共十六届三中全会通过的《中共中央关于完善社会主义市场经济体制若干问题的决定》,提出保障粮食安全。

中央一号文件的第一次。2005年的《中共中央国务院关于进一步加强农村工作提高农业综合生产能力若干政策的意见》,提到"要把加强农业基础设施建设,加快农业科技进步,提高农业综合生产能力,作为一项重大而紧迫的战略任务,切实抓紧抓好。这既是确保国家粮食安全的物质基础,又是促进农民增收的必要条件"。

政府工作报告的第一次。国务院总理温家宝2006年在十届全国人大第四次会议上的《政府工作报告》中,提到"粮食安全存在隐患",其表现是"粮价走低和农业生产资料价格上涨的压力都不小,影响农民增加收入和种粮积极性。耕地不断减少,农业综合生产能力不强",因而粮食增产和农民增收难度加大。

中共党代会报告的第一次。胡锦涛2007年在党的十七大所作的《高举中国特色社会主义伟大旗帜为夺取全面建设小康社会新胜利而奋斗》的报告中,提出"加大支农惠农政策力度,严格保护耕地,增加农业投入,促进农业科技进步,增强农业综合生产能力,确保国家粮食安全"。

国务院考核的第一次。为全面落实地方粮食安全主体责任,国务院办公厅2015年印发了《粮食安全省长责任制考核办法》。

粮食安全的重要文献

新中国成立后特别是改革开放以来，事关粮食安全的文献不计其数，但重要的屈指可数。

《中国的粮食问题》白皮书。此系国务院新闻办公室1996年10月发布。白皮书提到粮食安全问题，说中国立足国内解决粮食供需平衡问题，并不排除利用国际资源作为必要补充，但这只起品种、丰歉调剂和区域平衡的作用。其中一个重要理由，就是粮食安全，即中国每年粮食消费量占世界粮食消费总量的1/5，如果进口过多，不仅国际市场难以承受，也会给低收入国家购粮带来不利影响。因而中国立足国内解决粮食问题，只会有利于改善世界粮食安全状况，增强世界粮食贸易中的稳定因素。

时隔23年后的2019年10月14日，国务院新闻办发表《中国的粮食安全》白皮书，分为前言、中国粮食安全成就、中国特色粮食安全之路、对外开放与国际合作、未来展望与政策主张、结束语等6部分。白皮书全面总结反映了我国粮食安全取得的历史性成就，重点阐述了1996年特别是党的十八大以来我国在保障粮食安全方面实施的一系列方针政策和举措办法，介绍了中国粮食对外开放和国际合作的原则立场，并提出了未来中国粮食问题的政策主张。白皮书开启了世界了解中国粮食安全的大门，也有力证明了中国始终为世界粮食安全贡献积极力量。

《国家粮食安全中长期规划纲要（2008—2020年）》（以下简称《纲要》）。此为2008年国务院常务会议审议通过。《纲要》从我国粮食安全取得的成就、保障粮食安全的主要政策措施等五方面进行概述。这种公文文体，是国家机关针对粮食安全工作提出的目标、宗旨、要则，具体提出了2008—2020年保障我国粮食安全的指导思想、目标和主要任务及相应政策措施，是一个时期我国粮食宏观调控工作的重要依据，具有指导性和法规性。《纲要》提出，为保证到2020年人均粮食消费量不低于395公斤，要努力实现耕地保有量不低于18亿亩，全国谷物播种面积稳定在12.6亿亩以上，粮食自给率稳定在95%以上，粮食综合生产能力达到5 400亿公斤以上。

《全国新增1000亿斤粮食生产能力规划（2009—2020年）》（以下简称《规划》）。系国家发改委依据上述《纲要》要求编制，2009年发布。依据《规划》，2020年全国粮食生产能力将达到5 500亿公斤以上。

《规划》从九个方面提出促进粮食增产的长效机制：落实粮食省长负责制，明确中央和地方粮食安全责任；坚持家庭承包经营制度，稳步推进土地规模经营；严格耕地资源保护，稳定粮食播种面积；加快农业科技创新，提高技术装备水平；加大基础设施投入力度，完善建管机制；扩大财政补贴规模，完善奖补政策；深化粮食流通体制改革，完善粮食流通体系；加强粮食市场宏观调控，保障国家粮食安全；引导粮食生产和消费，促进粮食品种结构平衡。《中共中央关于推进农村改革发展若干重大问题的决定》指出：加快落实全国新增千亿斤粮食生产能力建设规划，以县为单位集中投入、整体开发，2008年起组织实施。

《国务院关于建立健全粮食安全省长责任制的若干意见》。2014年印发，有强化粮食安全意识和责任、巩固和提高粮食生产能力、切实保护种粮积极性等10条意见，是国务院就全面落实地方政府粮食安全责任出台的首个专门文件。从1994年我国首次提到粮食省长负责制，到20年后的粮食安全省长责任制，体现了一种继承精神和担当精神。

粮食安全图书

我国藏书总量排前三名的图书馆是国家图书馆、上海图书馆和南京图书馆。国内出版的200来本粮食安全书籍，这3座图书馆几乎收集齐全。浏览这些图书，不难看出几个特点。

涉及多个题材。如生产与流通：《中国粮食生产、流通与储备协调机制研究——基于粮食安全》等；产区与销区：《粮食安全与主产区农民增收问题》《主销区粮食安全与供应链整合》；中国与世界：《中国有能力养活中国》《杂交水稻与世界粮食安全》等；历史与未来：《中国历史时期粮食生产与粮食安全》《中国未来粮食安全论》等；土肥与气象：《土壤肥料与粮食安全》《气候变化与中国粮食安全》等；价格与期货：《国际粮价波动下中国粮食安全实证研究》《粮食安全与农产品期货市场》等；法律与政策：《中国粮食安全法律制度研究》《粮食支持政策与促进国家粮食安全研究》等。

系列书籍醒目。农业部软科学委员会办公室先后出版过《粮食安全问题》《保障粮食安全与提高农产品质量》《粮食安全与重要农产品供给》，其中2001年出版的《粮食安全问题》，包括粮食供求变动及前景，粮食供求的区域平衡，粮食分品种发展状况，粮食生产成本、价格及农户行为，国有粮食企业改革及财政补贴等。洪涛教授等编著的《中国粮食安全发展报告》，已出版2013—2014版、2014—2015年版。

出版机构众多。出版过粮食安全图书的出版社多达80余家。出版此类图书较多的出版社是：中国农业出版社、经济管理出版社、中国农业科学技术出版社、中国社会科学出版社、社会科学文献出版社、中国财政经济出版社，其中中国农业出版社出版40多种此类图书。

高校出版社不甘落后。一些高校出版社重视粮食安全图书的出版，如复旦大学出版社2013年出版《基于国家粮食安全战略视角下的粮食物流体系的完善》等。南京大学、浙江大学、中国人民大学、中山大学、中国农业大学、四川大学、上海财经大学、北京理工大学、哈尔滨工程大学、北京理工大学、云南大学、中国政法大学等的出版社出版了粮食安全图书。南京农业大学粮食安全研究中心资助了粮食安全类课题的研究与图书的出版。

出版时间集中。已经出版发行的粮食安全图书，基本集中在21世纪以来的20年间。二十世纪只有八九十年代出版过几本粮食安全图书，最早的当属1988年出版的《世界粮食安全概论》。进入21世纪的最初几年，每年出版过不多的几种粮食安全图书，到10年代急速增加，2011—2015年，每年在20种左右。

作者分布不广。撰写粮食安全图书的作者，多来自高等院校、科研院所、党群机关。如农业部原常务副部长尹成杰的《粮安天下：全球粮食危机与中国粮食安全》，华中农业大学教授王雅鹏的《粮食安全保护与可持续发展》等。

粮食安全社科基金项目

国家社会科学基金设立于1986年，由全国哲学社会科学工作办公室负责管理。目前，有24个主题为粮食安全的项目结项。

从类别看，重大项目旨在资助中国特色社会主义经济、政治、文化、社会和生态文明建设等重大理论和现实问题研究，资助对哲学社会科学发展起关键性作用的重大基础理论问题研究。粮食安全方面的重大项目是钟甫宁负责的"全球化市场化背景下国家粮食安全战略与政策选择研究"和郑新立、李孟刚负责的"应对重大自然灾害与构建我国粮食安全保障体系对策研究"。两者均为2009年立项项目。此外，朱有志负责的"加强农业基础地位和确保国家粮食安全战略研究"获2008年重大立项项目。

重点项目、一般项目属于年度项目，主要资助对推进理论创新和学术创新具有支撑作用的一般性基础研究，以及对推动经济社会发展实践具有指导意义的专题性应用研究。重点项目有马述忠的"我国粮食安全问题与全球粮食定价机制研究"（2010年立项）、卢新海的"基于粮食安全的中国海外耕地投资战略与对策研究"（2011年立项）。一般项目有侯东民的"从长期持续发展角度研究全国及区域性占地状况、趋势与粮食问题"（1996年立项，成果名称为"寻求战略突破：破解中国粮食安全问题"）、曾福生的"粮食大省粮食安全的责任和实现机理研究"（2008年立项）、张宁的"上海合作组织的农业合作与我国西部粮食安全研究"（2012年立项）等12个。

青年项目资助旨在培养哲学社会科学青年人才。有关粮食安全的有王丹的"气候变化对中国粮食安全的影响及对策研究"（2008年立项）、曹阳的"国际法视野下的粮食安全问题研究"（2009年立项）、公茂刚的"发展中国家粮食安全问题研究"（2010年立项）等3个。

西部项目资助涉及推进西部地区经济持续健康发展、社会和谐稳定、促进民族团结、维护祖国统一、弘扬民族优秀文化、保护民间文化遗产等方面的重要研究课题。有强始学的"基于我国粮食安全和主要农产品有效供给的农业'走出去'战略研究"（2009年立项）、张海翔的"新形势下粮食安全问题研究——云南的探索与实践"（2009年立项）、任平的"国家粮食安全视角下的土地'增减挂钩'制度评价与完善研究"（2011年立项）等3个。

从立项时间看，这些项目集中在1996—2012年。2009年最多，结题的项目有8个，且为该年立项。《国家社会科学基金项目2016年度课题指南》中提到的应用经济类有"新形势下粮食安全问题研究"。

从学科分类看，应用经济研究11个，国际问题研究5个，统计学2个，管理学、人口学、社会学、法学各1个，其他2个。成果形式为研究报告、论文、专著。

申报课题资助额度为：重点项目35万元，一般项目和青年项目20万元。

迄今，全国共有50多个粮食安全项目立项，一批待结题的项目值得业界期待。20多年来，无论是立项项目，还是结项项目，以粮食安全为主题的项目，多于以食品、能源、金融安全为主题的项目，这也与粮食问题的关注度、项目研究的难易度有关。

2010年，在国家社科基金一般项目中立项的一个粮食安全课题，因最终成果存在较多引文和注释不规范的问题，被全国教育科学规划领导小组办公室通报终止。

粮食安全博硕论文

与粮食安全图书出版的时间趋同，博硕士学位论文集中问世在2000年后，目前这类专论粮食安全的文章不下400篇。

最早的博士学位论文有朱晶的《贸易、波动、可获性与粮食安全——利用国际、国内两个市场加强我国粮食安全的理论分析与实证研究》，最早的硕士学位论文有朱彬的《粮食安全目标下我国主要粮食品种结构分析》，两文完成于2000年，培养单位均为南京农业大学。

有研究生以博硕论文同论粮食安全。2007年，山东理工大学公茂刚以《我国农村贫困人口的微观粮食安全研究》通过硕士学位论文答辩，2010年，在东北师范大学再以博士学位论文《发展中国家粮食安全研究——基于粮食供给能力和粮食获取能力的分析》通过答辩。2004年、2011年，浙江大学王跃梅分别以《浙江粮食市场化与粮食安全研究》《农村劳动力外流与粮食安全问题研究》通过硕博论文答辩。

论述粮食安全的博士论文明显少于硕士论文，两者之比为18∶82。36所大学和科研院所的71篇粮食安全博士论文，华中农业大学占10篇，其次，西南财经大学和中国农业科学院较多。研究范畴主要涉及与粮食安全相关的综合生产能力、可持续发展、水土、粮价、增收、劳动力、储备、法律、供求、补贴、突发事件、绩效评价、生物燃料、期货、气候、灌溉、植物保护、城市、进出口等。

论文出自农林类大学的居多。20多所农林大学有粮食安全论文120多篇，其中西北农林科技大学、南京农业大学、中国农业科学院、华中农业大学、湖南农业大学的粮食安全论文在10篇以上，最多的西北农林科技大学有20余篇。西北农林科技大学有80多年历史，学校始终紧扣"三农"发展主题办学。其他百余所大学亦有粮食安全论文。

名牌大学也关注粮食安全问题。

2004年，清华大学蒋云翔的硕士论文题目为《粮食安全视角下的"粮改"》；2005年，清华大学马燕的硕士论文《谁来养活中国——论中国的粮食安全问题》，直接以美国学者莱斯特·布朗的文章标题《谁来养活中国》作为主题。浙江大学、复旦大学、南京大学等都有粮食安全论文，其中浙江大学有15篇之多，其最早的博硕论文是陈再飞2001年的《粮食安全问题研究》。

华中农业大学王雅鹏教授担任过7篇博硕论文导师，西北农林科技大学谢永生研究员、浙江大学马述忠教授，分别担任过4篇硕士学位论文的导师。

一些博硕士学位论文后来被出版社出版。如湖南农业大学博士龙方2007年的论文《新世纪中国粮食安全问题研究》，同名图书于同年由中国经济出版社出版；毕业于山东农业大学的赵文先，2008年的博士学位论文《粮食安全与粮农增收目标的公共财政和农业政策性金融支持研究》，同名图书于2010年由经济管理出版社出版。

前身有粮食院校的河南工业大学、南京财经大学、武汉轻工大学，发表了粮食安全论文，其中武汉轻工大学11篇，但3所大学均无博士学位论文。

撰写博硕论文是一项艰苦的脑力劳动，但囿于经验限制，非在职攻读博硕士学位的研究生论及实际问题时，尚存不同程度与现实脱节之缺陷。

粮食安全指数

常说的指数,系指某一经济现象在某时期的数值和同一现象在另一作为比较标准的时期内的数值的比值,它表明经济现象变动的程度。粮食安全指数即是这样。粮食安全指数既有国际的,也有国内的,但其问世的历史不长。

"全球粮食安全指数(GFSI)"是对各国粮食供应能力、营养学层面的粮食质量及食品安全进行综合评估所得的数据,由经济学人智库开发,杜邦公司资助。该指数触及107个发达国家及发展中国家的粮食价格承受力、可获得性和质量问题。其27项质量和数量评估指标反映了一国粮食安全状况。成立于1802年的杜邦公司是一家科学企业,为全球市场提供世界级的科学和工程能力。2012年,全球粮食安全指数,美国以89.5分位居第一,其次为丹麦、挪威、法国、荷兰。而2013年度指数的综合分析,发现了不稳定国家的政治冲突降低了粮食安全水平、一些发达国家国民收入的下降削弱了粮食安全水平、新兴市场的城市化促进了粮食安全水平的提升等重要现象。

"粮食安全风险指数"由英国风险分析公司Maplecroft和联合国世界粮食计划署按12个主要影响因素评判,该判定标准包括谷物产量、人均国内生产总值、极端天气发生风险、农作物品质、粮食分派的基础设施、冲突,以及政府效率等。

如2010年粮食安全风险指数,被评为"极度高风险"的国家中,阿富汗居首。一些国家遇到紧急事件,联合国世界粮食署还得重修公路、港口和机场跑道,以降低运送费用。针对全球163个经济体进行的这项研究,粮食风险最高的50个国家中,有36个位于撒哈拉以南的非洲地区。该地区是黑种人的故乡,为世界上最贫穷的区域,其中有31个国家被联合国列为"最不发达国家"。粮食充裕的国家多为位于北美及西欧的发达经济体。

上述安全指数只是作为参考，并不十分准确。如据2010年粮食安全风险指数，我国被列为"中度风险"，排在第96位；而据2012年全球粮食安全指数报告，中国以62.8分排在第38位，与罗马尼亚并列，属于中上游。粮食自给率从20世纪70年代中期的70%以上降至目前的20%的韩国，曾在百余个国家中排在第21位。对此，高丽大学教授林颂洙表示，很难说这个粮食安全指数如实反映了韩国国情，韩国约七成粮食依赖进口。

华南师范大学"三农"与城镇化研究所研发的GADS数据库系统，2011年首次完成了全国31个年度、56个地区、377个指标的集成计算和处理，其中包括31个省市"粮食安全指数（FSI）"的计算。GADS系统的粮食安全指数FSI，涵盖了资源、要素、生产、粮食产量、经济水平、国内市场环境、国际市场环境、流通储备等8个最主要的评价因素。据分析，内蒙古、吉林、黑龙江三省区得分均在80分以上，粮食安全最为稳固。

此外，"世界粮食安全系数"的概念说的是世界粮食当年库存至少相当于次年消费量的17%~18%。若一国粮食库存安全系数低于17%为粮食不安全，低于14%为粮食处于紧急状态。

学校节粮美德与传承

节粮之于学生，可谓涉及面广、陶冶性强。从涉及面来说，全国大陆学校和幼儿园有学生和幼儿25 333.5万人，占总人口的18.7%，这么一个庞大群体如能自觉节粮，其当下效果显而易见。就陶冶性而言，让学生思想上早早因惜粮而受启迪，特别是培养模仿力较强的少年儿童具备爱粮意识，其长远效益无需赘述。

这是发生在20世纪50年代重庆某小学的一个故事：校方调查发现某班一学生家里吃的是白米饭，有菜有汤，生活好，但学生还是说吃不饱。原来，这个孩子缺乏饮食卫生常识，吃饱了还在鼓捣胀肚子。老师便请医生到校举办"什么叫吃饱了"的讲座，使学生知道饭应吃饱为止，傻胀既浪费粮食，又易发生肚痛、得胃病。后来，这名学生吃饱后，妈妈叫他再吃一碗，他说："我已吃饱，再吃就是浪费。"

主管教育工作的行政管理部门，从来都重视学生的节粮教育。1996年，国家教委印发《关于在高等学校中开展爱粮节粮宣传教育活动的若干意见》，提出要组织力量制作一些有教育意义警句的标语牌，并附提示警句，如李绅的《悯农》，"维护清洁的就餐环境，珍惜工人师傅的劳动"等。2013年，教育部发布《关于深入开展节粮节水节电活动的通知》，提出制订防止餐桌浪费的具体办法，普遍设立"学生文明就餐监督员"。

征文是很好的教育形式。这些年，不断有针对学生的"爱粮节粮"征文。

2013年，全国至少有上百所学校或涉教部门开展此类征文，大规模的如农业部、联合国粮农组织、国家粮食局组织的中小学生"爱粮节粮"征文，应征到600余篇文稿的河南省大中学生"爱粮节粮，安全食粮"征文。规模小的如河北涉县井二小学的"爱粮节粮，传承美德"征文。此类活动，正如广西师大附属外国语学校第四届中学生"爱粮节粮"征文通知所说，能帮助中学生确立积极的奋斗目标、价值取向和精神追求，培养和提高中学生的思想水平、政治水平和写作水平。

"光盘行动"进校园，师生共唱爱粮戏，是2013年节粮活动的特色。"光盘行动"成为当年十大新闻热词和最知名公益品牌之一。活动由一群热心公益的人发起，新浪、腾讯微博于年初开始宣传，全国院校纷纷响应。其宗旨是餐厅不多打、食堂不多打、厨房不多做，并试图提醒人们，饥饿感距离我们并不遥远，尊重粮食仍是被奉行的古老美德。

而教育部等五部委《关于开展"节约粮食，从我做起——2013年青少年科学调查体验活动"的通知》发出后，各地活动丰富多彩。北京市实验二小同学演示的"认识粮食"和"数出来的余粮和营养"两个动手小实验，便是代表作。原有顾虑会影响教学的青竹湖湘一外国语学校老师，亲身感受了由袁隆平院士领衔的湖南粮食行业"世界粮食日"暨爱粮节粮活动后，表示今后继续参加。这些活动在社会上引起较大反响。

这真是：学生节粮感动家长，学校爱粮影响社会。

粮食增产的贡献因素

千百年来,生产更多的粮食,成为人们的强烈向往和追求。

粮食增产的贡献因素,无非是扩大播种面积和提高单位产量。粮食面积,是耕地上粮食作物所占田地的大小。粮食单产,指的是粮食的单位产出量。在漫长的中国封建社会,无论粮食面积还是单产,清代居最高水平,其耕地面积曾达7.27亿亩,其中粮食作物耕种面积为6.18亿亩。清朝中期,粮食亩产183.5公斤,其中水稻亩产220公斤。

1927—1936年,是国民党政府统治下的"黄金十年"。根据国民政府主计处调查,全国耕地12.49亿亩,而每亩粮食的最高产量及年份是:水稻1932年亩产183公斤、小麦1933年亩产76.5公斤、玉米1932年亩产96公斤、大豆1933年亩产89公斤、高粱1936年亩产99.5公斤。在当时的生产条件下,一定的粮食生产水平,加上进口的米谷、小麦和面粉,勉强维持着人们对粮食的需求。制约单产的主要因素是自然灾害,如1928年水旱交替;1929年数省大旱、多省虫灾;1930年十余省份水旱虫灾;1931年大水灾损失粮食逾百亿斤;1932年11省遭受水旱虫灾;1933年黄河决口;1934年黄河再度决口并发生水旱蝗灾,损失10多亿元。

新中国,先看面积。自1949年中华人民共和国成立到改革开放前的1977年,粮食播种面积从16.5亿亩扩大到18.1亿亩,总产量先后跃上1 500亿公斤、2 000亿公斤、2 500亿公斤、3 000亿公斤4个台阶。1996年粮食播种面积16.9亿亩,产量突破5 000亿公斤。1998年以后,由于连年丰收,库存逐年增加,市场粮价下跌,加之调整农业生产结构,粮食播种面积逐年降至2003年的14.9亿亩,比1998年减少2.16亿亩;粮食产量由1998年5 123亿公斤降至4 307亿公斤。

2004年以来在粮食生产、流通领域实行的系列政策措施,促进了粮食生产的发展。2016年，粮食播种面积达到16.95亿亩，比2003年增加2亿亩。

再看单产，新中国成立时，全国每亩粮食产量只有69公斤，到1977年，单产提高到157公斤，增长了1.3倍。改革开放以来，全国每亩粮食产量提高到2016年的363.5公斤，再增了1.3倍，比1949年则增长了4.3倍。总产量由3 000多亿公斤增至6 000多亿公斤。

有人将"种植结构调整""复种指数"纳入贡献率之中，动态地分析起来，不是不可以。但"种植结构调整"考虑的是粮食内部不同农作物播种面积的调整，也就是扩大高产作物如玉米、水稻的播种面积，缩减低产作物如大豆的播种面积，进而使粮食增产的贡献超过了粮食播种面积增加的贡献。但是，一定地域、一定面积上的粮食收获量，归根结底还是体现为单位产量。而"复种指数"通常指一年内在同一地块耕地面积上种植农作物的平均次数，即年内耕地上农作物总播种面积与耕地面积之比。但是，计算年内一块耕地重复利用的次数所得出的面积，会累加到农作物播种面积中去，归根结底还是表现为播种面积。

扩大播种面积和提高单位产量，是粮食增产的直接原因，至于良种、化肥、水利、农机或科技等作为贡献因素，则是粮食增产的具体原因。

规划粮食种植面积

决定粮食产量的关键因素是粮食播种面积。粮食生产要稳定发展，必先保持播种面积稳定。有了一定的面积，单产支撑才成为可能，否则单产再高，也无济于事。在政府管理的规划中，可找到粮食种植面积的影子。

《1956年到1967年全国农业发展纲要》是中共中央1956年1月提出的文件，其中12个增产措施项目中3个涉及面积。其一，扩大复种面积，要求长城以北地区，一般应当尽可能地利用已有耕地，减少撂荒面积，在可能的地方，力争扩大复种面积。其二，多种高产作物，要求利用一切可能利用的水源，增加稻谷的种植面积。从1956年起，在12年内，要求增加稻谷2.5亿亩。其三，开垦荒地，扩大耕地面积，要求在12年内，国营农场的耕地面积由1955年的1 300多万亩增加到1亿亩左右。20世纪60年代初，南方水稻主产省旱地改种水稻，1亩可增产粮食75～100公斤。

1996年的《中国的粮食问题》白皮书，分析扩大粮食播种面积的空间极为有限，提到随着工业化和城镇化进程的加快，耕地仍将继续减少。通过提高复种指数，使粮食作物播种面积稳定在16.5亿亩左右。

此前，国办1990年《关于征求对〈中长期科学技术发展纲领（讨论稿）〉意见的通知》，称到2000年，改造中低产田3亿亩，垦荒5 000万亩。

2008年的《国家粮食安全中长期规划纲要（2008—2020年）》指出，到2020年，耕地保有量不低于18亿亩，基本农田数量不减少、质量有提高。

全国谷物播种面积稳定在12.6亿亩以上，其中稻谷稳定在4.5亿亩左右。

2009年的《全国新增1000亿斤粮食生产能力规划（2009—2020年）》指出，到2020年，确保基本农田面积15.6亿亩，粮食播种面积稳定在15.8亿亩以上。西北地区适当压缩小麦播种面积，东北地区稳定水稻播种面积，西南地区扩大间套种面积，增加玉米播种面积。

五年规划也涉及播种面积。《国务院关于印发全国现代农业发展规划（2011—2015年）的通知》提出稳定粮食播种面积、优化品种结构时，细化到了品种。如积极推进南方稻区"单改双"，扩大东北优势区粳稻种植面积，稳步推进江淮等粳稻生产适宜区"籼改粳"。稳定小麦面积，发展优质专用品种。稳定增加玉米播种面积，积极恢复和稳定大豆种植面积。在粮食播种面积指标中，提到2010年16.48亿亩，2015年大于16亿亩。农业部《全国种植业结构调整规划（2016—2020年）》进一步指出，到2020年，粮食播种面积稳定在16.5亿亩左右，其中稻谷、小麦口粮品种播种面积稳定在8亿亩，谷物播种面积稳定在14亿亩。水稻播种面积稳定在4.5亿亩，优质稻比例达到80%。小麦播种面积稳定在3.6亿亩左右。玉米播种面积稳定在5亿亩左右。

年度性规划同样涉及播种面积。如国办《关于开展2011年全国粮食稳定增产行动的意见》，提出继续推进"单改双"，扩大早稻种植面积。利用土地到了惜土如金的地步。

国办2015年《关于加快转变农业发展方式的意见》，指出有条件的地方在坚持农地农用和坚决防止"非农化"的前提下，可以根据农民意愿统一连片整理耕地，尽量减少田埂，扩大耕地面积，提高机械化作业水平。

此前为地尽其用，农民多在田埂上种些杂粮作物，可谓见缝插针，尽量减少田埂一说，足见"寸土必争"。

规划粮食单位产量

当粮食种植面积达到一定水平时，提高单产比扩大种植面积的经济效果更好。而粮食单产规划，也与多个重要文件相关。

"一五"计划（1953—1957年），国家要求1957年亩产100.7公斤，比1952年增长14.2%，其中水稻183.8公斤、小麦59.3公斤，分别增长14.3%、21.6%。而1957年粮食亩产只有97.5公斤，水稻179.5公斤，小麦49公斤，离计划还有一段距离。

《1956年到1967年全国农业发展纲要》指出，从1956年开始，在12年内，粮食每亩平均年产量，在黄河、秦岭、白龙江、黄河（青海境内）以北地区，由1955年的150多斤增加到400斤；黄河以南、淮河以北地区，由1955年的208斤增加到500斤；淮河、秦岭、白龙江以南地区，由1955年的400斤增加到800斤。

这3个单产指标，长期被通俗称为"上纲要、过黄河、跨长江"，特别是20世纪70年代，时不时可见这类标语与报道。如"晚稻超早稻，一季跨纲要""上茬春麦跨'黄河'，下茬高粱上纲要""耕作制度大改革，粮食亩产过'黄河'""大力增积农家肥，促进粮食跨纲要""学习大寨闯新路，粮食亩产跨纲要""科学种田结硕果，粮棉双双跨'长江'"。

《中国的粮食问题》白皮书指出，通过改造中低产田、兴修水利、扩大灌溉面积、推广先进适用技术等工程和生物措施，可使每亩产量提高100公斤以上。

《国家粮食安全中长期规划纲要（2008—2020年）》指出，到2010年全国粮食单产水平提高到每亩325公斤左右，到2020年提高到350公斤左右。2010年粮食单产达331.5公斤，2012年粮食单产已达353.4公斤，提前8年实现目标。

《全国新增1000亿斤粮食生产能力规划（2009—2020年）》（以下简称《规划》）指出，改革开放以来，粮食单产从每亩168.5公斤提高到2007年的316.5公斤，农业科技进步发挥了巨大作用。每次品种更换都促进了粮食单产提高。

单产与先进国家的差距、国内各地单产高低悬殊，是未来粮食增产的潜力。该《规划》称我国稻谷、小麦、玉米平均单产约425公斤、300公斤和350公斤，分别是单产排在前10位国家平均水平的71%、60%和67%。

国内同一种植区内的同一作物，省际间单产差距有的在50公斤以上。我国1949—1978年粮食单产年均增长3.2%，1979—2007年单产年均增长1.9%，未来12年，在面积不变的情况下，新增粮食500亿公斤，粮食单产年均仅需增长0.9%。推广玉米增密技术单产可每亩提高50公斤左右；推广水稻大棚集中育秧技术单产可每亩提高10~25公斤；推广"双晚"技术，小麦、玉米单产可每亩分别提高5公斤以上。

粮食生产能力，是可以相对稳定实现一定产量的粮食产出能力。考虑新增500亿公斤生产能力时，粮食生产能力为5 000亿公斤水平，而2012—2016年粮食产量均在6 000亿公斤以上，可以说，新增生产能力的目标提前实现。

国办关于开展2011年全国粮食稳定增产行动的意见，提出力争早稻单产恢复到2009年的水平。2009年的单产是378.8公斤，2011年的实际单产是379.8公斤，目标得以实现。

2014年底，国务院强调建立健全粮食安全省长责任制，要求将提高粮食单产作为主攻方向，努力提高科技对粮食生产的贡献率。

规划油料面积与单产

油料作物是以榨取油脂为主要用途的一类作物，主要有大豆、花生、芝麻、向日葵、棉籽、蓖麻、苏子、油用亚麻和大麻等。而国家统计局对油料产量这一统计指标解释为全部油料作物的生产量，包括花生、油菜籽、芝麻、向日葵籽、胡麻籽（亚麻籽）和其他油料，不包括大豆、木本油料和野生油料，花生以带壳干花生计算。

1954年，政务院关于发动农民增加油料作物生产的指示，提出在油料作物集中产区，要求已种油料的农民继续按照国家计划大量增产油料，极力争取提高单产，并在不影响粮、棉和其他农作物种植计划的前提下，尽可能地增加种植油料作物。为防止因扩大油料作物种植而过分挤缩粮、棉面积，南方应充分利用冬闲田多种油菜，北方应充分利用沙荒瘠薄土地种植花生，并在大秋作物中提倡间种油料作物。各地均应充分利用田边、地埂、路旁、沟沿、宅园等隙地，尽力种植适宜向日葵、蓖麻、芝麻、大豆等生长的油料作物。

进入新世纪，全国油料种植面积持续下滑。2007年国办关于促进油料生产发展的意见，提出力争到2010年，我国油料种植面积比2006年扩大6%左右，总产量增长14%左右。适当恢复种植面积方面，长江流域扩大冬闲田油菜种植面积，东北及内蒙古地区通过合理轮作等适当恢复大豆面积；努力提高单产方面，发展油料生产要避免与粮食、棉花争地，把重点放在主攻单产上。通过加快新品种新技术推广，大力推广高产高油新品种，到"十一五"期末，油料单产比2006年提高6%左右，油料含油率平均提高2个百分点左右。而"十一五"期末油料单产为每亩155公斤，比2006年的150公斤增加5公斤，只提高3.3%，可见提高油料单产，并非轻而易举。

《国家粮食安全中长期规划纲要》提出到2020年，在保证粮食生产的基础上，力争油菜籽、花生等油料作物播种面积恢复到1.8亿亩左右。

2016年，《全国种植业结构调整规划（2016—2020年）》称，到2020年，力争油料作物播种面积稳定在2亿亩左右。

木本油料是健康优质食用植物油的重要来源。2014年，国办关于加快木本油料产业发展的意见提出，力争到2020年，木本油料种植面积从现有的1.2亿亩发展到2亿亩，年产木本食用油150万吨左右。通过努力提高单产水平，新建一批高产、稳产木本油料生产基地。油茶树是世界四大木本油料之一，是中国特有的一种纯天然高级油料，我国在20世纪60年代大面积种植，80—90年代面积比建国时扩大50%，一度达到6 000万亩的最高水平。《全国油茶产业发展规划（2009—2020年）》（以下简称《规划》），说到我国油茶面积约有4 500万亩，油茶籽年产量100万吨左右，年产茶油约26万吨。规划油茶林基地建设总面积6 631万亩，其中新造油茶林2 487万亩，现有低产油茶林改造4 144万亩。加上现有的高产油茶林面积387.1万亩，到《规划》期末，我国油茶林基地面积达到7 018.1万亩。

专家早前认为，油茶单产大幅度提高存在巨大空间。油茶林地的产出水平可以在现有水平上增加10倍左右，油茶籽的产油水平基本相当于同等种植面积的油菜籽。

防控病虫保丰收

茫茫田野，病虫侵蚀着粮食作物。说病害，小麦有锈病等50多种，水稻有稻瘟病等50多种，玉米有大斑病等近40种；论虫害，小麦有粘虫等100多种，水稻有二化螟等200多种，玉米有玉米螟等50多种。

《1956年到1967年全国农业发展纲要》提出，从1956年起，分别在7年或者12年内，在一切可能的地方，基本上消灭危害农作物最严重的虫害和病害，例如蝗虫、稻螟虫、粘虫、玉米螟虫、小麦吸浆虫、麦类黑穗病、小麦线虫病、甘薯黑斑病等。各地区应当把当地其他可能消灭的主要虫害和病害，列入消灭计划之内。

病虫害如何蔓延？新中国成立初，年产水稻二三十万吨的黑龙江省，人口增加，建设加快，气候变暖，有利病虫越冬，如克山地区1936年平均温度-1.7℃，1952年已变为0.2℃，加上田邻草原，杂草丛生，病虫害扩大。

为清除"虫子吃不坏年成"的错误观念，在坚持"森林防火"的原则下，专家提出允许在半林区及非林区的稻田地区进行有组织的烧荒，开展稻田秋翻、药剂防治。

1958年，12个水稻省播种4.4亿多亩，曾计划防治2.7亿多亩，占播种面积的58%。稻热病、白叶枯、纹枯、恶苗病、干尖线虫病，螟虫、稻飞虱、浮尘子、稻苞虫、剃枝虫等"五病五虫"，乃水稻大敌。农业部要求对所有稻田做到"有虫必治，有病必治"，以治螟虫为纲，兼治其他病虫害。此举，匡算亩增15公斤，可多产稻谷40.5亿公斤。若全国5.8亿亩水稻得到防治，可增产87亿公斤。当年，江苏省治螟挽回稻谷损失6亿公斤。20世纪70年代以来，南方稻区稻瘟病和白叶枯病等病害常年发生，褐飞虱、稻纵卷叶螟、白背飞虱等害虫交替发生。近年，水稻病虫害呈偏重发生态势，稻飞虱、稻纵卷叶螟、纹枯病重发区域广。

新中国成立后的前10年，对严重病害小麦锈病，东北春麦区选育出十几个抗杆锈病的品种；对麦区严重发生的小麦吸浆虫，在西北鉴定出2个抗虫良种。近年小麦病虫害总体偏重发生，其中蚜虫重发区域广，赤霉病流行风险高，纹枯病等在部分地区偏重发生。2015年，全国通过病虫害防治挽回小麦损失1 803万吨，占总产量的13.8%。

1936年，11个省玉米遭受玉米螟危害，减产幅度在17.5%～51.6%。

21世纪以来，玉米主要病虫害呈偏重发生态势，位于玉米主产区的东北和华北地区，玉米螟、地下害虫、大斑病为害最重。2011年辽宁省投入玉米螟防控经费近4 000万元，完成防治2 500万亩次，其中绿色防控1 200万亩，有1 000余万亩释放赤眼蜂，平均卵块寄生率达70%。赤眼蜂为卵寄生蜂，可寄生玉米螟等害虫的卵。成虫产卵于寄主卵内，幼虫取食营养物质卵黄，化蛹，并引起寄主死亡，成虫羽化后咬破寄主卵壳外出。加上杀虫灯治螟等绿色防控，亩均可增产48公斤，共增产5.8亿公斤。绿色防控保护了田间原有的天敌种群。

虫口夺粮能保产。通过植保减灾，全国1978年挽回粮食损失上千万吨，1986年达2 000多万吨，1997年过6 000万吨。进入21世纪，三大主粮病虫害常年发生面积玉米约8亿亩次，水稻约17亿亩次，小麦约10亿亩次，粮食生产病虫害损失率约5%，如降低1%，可减少粮食损失25亿公斤左右。

兴修水利多产粮

水库、堤防、河道整治、分蓄洪水，可提高抗洪能力。水库是水利工程的重要类型，灌溉为其一大功能。

粮食增产，与水库灌溉密切相关。

隋代投入巨大人力，贯通南北运河。唐代除大力维护运河的畅通，保证粮食的北运外，还大兴农田水利工程250多处。运河除航运外，还可用于灌溉、分洪、排涝、给水等。国民政府主办的淮河治导工程，平均每亩水稻多收40公斤，麦子多收12.5公斤，大豆多收8公斤，玉米多收8.5公斤。淮河流域1949年有效灌溉面积仅1 200万亩，经过新中国的水利建设，2006年增长到1.38亿亩，增加10倍多。

中国工程院调查，有灌溉条件的地区，小麦单产是旱地单产的1.67～1.89倍，玉米单产是旱地单产的1.47～1.53倍，且产量相对稳定。通过配套完善灌排条件，改良土壤结构，提高土壤肥力，可增强粮食生产抗灾能力，增加单产水平15%～20%。

新中国成立以来，我国平均每年抗旱浇地3 050万公顷，年均挽回粮食损失405.9亿公斤。全国农田有效灌溉面积从2.4亿亩扩大到8.77亿亩，居世界首位。我国以占全国耕地48%的灌溉面积，生产了占全国总产量75%的粮食。

就是近些年，我们也能看到旱灾的损失和抗旱的止损。如2010年，全国耕地累计受旱面积2 655.3万公顷，因旱造成粮食损失168亿公斤；2015年，全年完成抗旱浇地面积1 655.6万公顷，抗旱挽回粮食损失226亿公斤。

水库规模按库容可分为小型、中型、大型。大型水库库容是指容量在1亿立方米以上的水库，新中国成立前我国只有6座，1985年增加到340座，2000年有420座，2015年有707座；中型水库库容是指容量在1千万至1亿立方米的水库，新中国成立前我国仅17座，1985年增加到2 401座，2000年有2 704座，2015年有3 844座。2015年大型水库总库容达6 812亿立方米，中型水库总库容1 068亿立方米。粮食产量，连上台阶；水库灌溉，功不可没。

以长江流域为例，流域内20世纪末建成以灌溉为主的水库4.6万座。该流域分布有我国的成都平原、江汉平原、洞庭湖区、鄱阳湖区、巢湖地区和太湖地区等主要商品粮基地，是我国最大的水稻生产区，约占全国水稻播种面积的2/3。但长江流域1956年耕地灌溉面积仅1.65亿亩，灌溉率为39%，1996年有效灌溉面积占全流域耕地面积的62%，同期粮食总产量增长近3倍。

长江水利委员会主任林一山，因对长江了如指掌而被毛泽东称为"长江王"。他在1956年指出，解决粮食问题的主要办法不仅要靠扩大耕地面积，可能更要靠增加现有耕地的单位面积产量，尤其是要增加主产区的单位产量，而单产的提高，水利是不可缺少的重要条件。他认为新中国成立以来坚持依靠的是增加单位面积产量为主的办法。在提高单产的办法中，除限期完成合作组织及从各方面改良耕种方法外，主要还是依靠机械化、集体化与科学化，其中解决水利问题便是关键。

水利还有一个重要问题，就是提高灌溉用水效率。2006年，中国每立方米灌溉水粮食产量约为1.36公斤，不足世界平均水平的1/2。

2011年1号文件专讲加快水利改革发展的问题，提出农田水利建设滞后仍然是影响农业稳定发展和国家粮食安全的最大硬伤。

防治鼠害保好粮

人人喊打的老鼠,不仅是人类的大敌,这个在地球上先于人类4 700多万年的物种,还是窃食粮食的大敌。据不完全统计,全球共有2 000多种老鼠,我国记载有130种,其中对农区造成威胁的112种。

老鼠是现代最繁盛的哺乳动物,一只母鼠一年可怀8次胎,即所谓"一公一母,一年三百五"。一只大家鼠(褐鼠),全年至少吃掉粮食9公斤。

老鼠数量知多少?联合国卫生组织估计,全球老鼠在100亿只以上。印度农业研究会专家估计,仅本国田地里的老鼠,即达50亿只。20世纪80年代初,日本老鼠成灾,城市几乎人均一只,农村则多几倍。

老鼠损粮知多少?联合国粮农组织统计,每年储藏的粮食5%损失于鼠害,亚洲的老鼠一年要消耗掉至少480亿公斤谷物,足够养活2.5亿人口。每只褐鼠每天吃掉的粮食,约为其自身体重的10%,平均每天吃粮25~75克,全年耗粮9~27公斤,全世界每年被老鼠偷吃的粮食将逾千亿公斤。日本每年因鼠害至少损失粮食4.2亿公斤。

20世纪50年代,农业部植物保护局披露,安徽省芜湖专区繁昌、当涂、无为、和县等褐鼠为害最严重,重点调查估计受害面积在100万亩以上,损失率平均10%左右,以每亩平均产量250公斤计,因鼠害损失粮食约2 500万公斤。60年代,宁夏农业厅调查到每窝产仔7~15只的小家鼠,能随气候和食粮迁移,春天麦子下种后由屋内迁到田里,秋天庄稼上场时又迁到场上,粮食入仓后再迁到屋内筑窝过冬。西北农学院畜牧系发现陕北普遍存在的岩松鼠,春天吃作物的幼苗,秋天搬运粮食,且行走甚速,不易捕获,需以枪射击。

灭鼠数量知多少?从报道看,1952年全国共捕老鼠1.2亿多只。1958—1963年,原雁北专署消灭各种田鼠500万余只。1995年,广西82

个县市区组建灭鼠机构，投入灭鼠经费1 762.76万元，消灭老鼠1.03亿只，挽回粮食损失3.61亿公斤。

粮食入仓，仍遭鼠害。昆虫学家忻介六参与过粮食贮藏技术指导工作。他花6个月时间视察四川、贵州、广西、湖南、江西、浙江、福建、广东、江苏等9省各县的军粮仓库后，做出"虫菌丛生，鼠雀遍地"的结论。而新中国，粮仓鼠害，依然很重。洛阳专区一座3间屋的仓库有鼠洞146个。浙江省余杭县粮食干部职工1954年创建出无虫、无霉、无鼠、无雀的"四无粮仓"。

后经完善，1955年春粮食部正式向全国粮食系统推广无虫、无霉、无鼠雀、无事故的"四无粮仓"的做法。

灭鼠是个永恒的话题。美国灭鼠专家发现，农作物生长期间在田里放入有毒的诱饵，可减少稻谷损失95%，但由于毒药必须用粮食来拌和，因而是一种浪费。而一旦停药，老鼠又会逐渐变多。

进入新世纪的2005年，我国农田鼠害防治面积达3.53亿亩次，占发生面积的63.83%；防治农户1.09亿个，占发生农户的64.88%。投放杀鼠剂毒饵4.71万吨，实际挽回田间粮食损失67.07亿公斤，挽回农户储粮损失16.35亿公斤，新增经济效益83.42亿元。

2010年，国办关于进一步加强节约粮食反对浪费工作的通知，说到加强粮食生产和养殖业节约时，要求加大病虫草鼠害防治力度；说到做好粮食储存和保管工作时，要求提高农户防治病虫鼠害技能。

科技支撑保粮安

为保障粮食安全，国家规划过重大科技专项、科技支撑计划、863计划、973计划，国家重点研发计划向包括粮食在内的农业领域倾斜。

国家重大科技专项。该专项是通过核心技术突破和资源集成，在一定时限内完成的重大战略产品、关键共性技术和重大工程。湖南省2015年10项科技重大专项的第一项即超级杂交稻专项，目的是实现大面积亩均增产100公斤左右。

国家科技支撑计划。该计划是为落实《国家中长期科学和技术发展规划纲要（2006—2020）》而设立，主要解决重大科技问题。"粮食丰产科技工程"是科技部联合农业部、财政部和国家粮食局实施的一项重大科技工程，第一阶段（2004—2006年），主要通过现有技术组装集成，为我国粮食产量恢复5亿吨提供技术支撑。第二阶段（2007—2010年），主要突出技术创新的进一步集成示范，为实现粮食增长到5.4亿吨提供关键技术支撑。与之相关的"十一五"粮食丰产科技工程，突出水稻、小麦、玉米"三大作物"，立足东北、华北、长江中下游"三大平原"，强化攻关田、核心区、示范区、辐射区"一田三区"建设。工程涉及12个粮食主产省的251个县市，占全国粮食主产区产粮大县的36.9%。实施后建立"三区"面积8.35亿亩，增产粮食4 866万吨。创下长江中下游单季稻亩产超900公斤、双季稻亩产超1 325公斤，黄淮海地区小麦亩产超750公斤、冬小麦/夏玉米一年两熟亩产超1 700公斤的新纪录。"十二五"粮食丰产科技工程，则在"三大平原"13个粮食主产省累计建立核心试验区、技术示范区和技术辐射区75 845万亩，累计增产粮食4 432万吨。

863计划。即国家高技术研究发展计划，1986年3月提出。"七五"期间有高产、优质、抗逆的植物新品种专项；"八五"期间有水稻基因图谱专项；

"九五"期间有两系法杂交水稻技术项目;"十五"期间有转基因技术和分子遗传标记育种技术的结合;"十二五"期间,重点攻克水稻、小麦、玉米、棉花、油菜、大豆六大作物强杂种优势利用瓶颈,突破智能不育分子设计、规模化高效安全制种核心技术,培育比主栽品种增产10%~20%的主要农作物强优势杂交种50个。

973计划。自1998年起,973计划从基础研究角度出发,针对提高粮食单产中的重大科学问题,分别在优良作物品种选育、高产栽培与资源高效利用、农业生物灾害和土壤资源有效利用方面部署32项重大项目,安排经费10亿元。重点研究方向包括:粮食营养品质、农产品储藏和安全的基础科学问题。

国家重点研发计划。该计划整合了多项科技计划,2016年2月16日发布首批重点研发专项指南,标志着973计划、863计划成为历史名词。首批发布了蛋白质机器与生命过程调控、粮食丰产增效科技创新、现代食品加工及粮食收储运技术与装备等九大重点专项。

良种推广助粮丰

说到良种推广,新中国成立初发生过误将口粮当良种的故事。1952年,河北省房山县(今北京市房山区)小麦收成不佳,秋播时部分农民缺少麦种。县生产办开会研究此事,农场干部介绍最受农民欢迎的有"蚰子麦""河南白"两个麦种,但只能收购千斤左右,于是决定用种子贷款委托供销社购买。供销社从北京粮食公司买来3万公斤"河南白"贷给农民。发贷时,农场追问麦种原产地及来历,供销社答复从北京"良种公司"运来,但不知原产地。听说来自良种公司,农场部便推下去了。结果,3 500余亩麦苗起初发育很好,但因冻害全部死亡。后追责时查出,该麦种系北京粮食公司从河南采购的食用小麦。

而同一年,全国粮食作物良种推广面积达1亿亩左右。经全国选种评比运动,发现了很多优良品种,包括抗病、抗虫、抗旱、抗涝、抗风、抗碱品种。当时,中央农业部认为,在同样的土质、同样的耕作条件下,种植优良品种一般可增产10%~20%。

依耕作制度及地理环境,须因地制宜选择良种。以水稻为例,20世纪60年代初,浙江专业人士认为,本省早稻品种以籼型为主,部分土深肥足或有栽培经验的沿海地区可采用早粳稻。晚稻,浙北以粳为主,浙南以籼为主;晚稻连作以粳为主,间作以籼为主。

进入21世纪,为提高粮食品质和产量,中央财政设有粮食良种推广资金。首先是2002年补贴大豆,2003年扩大到小麦,2004年扩大到玉米、水稻。2009年,《中央财政农作物良种补贴资金管理办法》规定的良种补贴标准是:每亩早稻10元,中稻、晚稻15元,小麦、玉米、大豆均为10元。2010年增加了青稞,每亩补贴10元。2013年增加了马铃薯,每亩补贴100元。此前的2004年,财政部、农业部先后发布"农作物良种推广""水稻良种推广"

两个项目资金管理暂行办法,规定粮食品种一般按每亩10元补助。但为恢复和扩大水稻种植面积,在黑、吉、辽、鄂、湘、赣、皖7省发放水稻良种推广补贴资金,鄂、湘、赣、皖4省一季稻每亩补贴15元,早稻补贴10元,晚稻补贴7元;东三省粳稻每亩补贴15元。

良种是粮食增产的内因,也是科技的载体。1987年开始的全国"丰收计划"实施13年后,累计推广良种和先进技术16亿亩次,增产粮食420多亿公斤。

千算万算,不如良种合算。粮食产量居全国第一的黑龙江省,"十一五"期间从3 600万吨增加到5 012.8万吨,增产39.2%,其种业贡献表现在良种覆盖率稳定在98%以上,优质专品种覆盖率达90%,良种对粮食增产的贡献率为37%,分别比"十五"时期提高5个、6个、7个百分点。5年全省审定推广的优良品种中,有玉米197个、大豆103个、水稻71个、小麦15个。2012年,中国农业科学院院长李家洋曾介绍,我国良种覆盖率超过95%,良种对粮食增产的贡献率超过40%。同年,江西省良种覆盖率达96%,对粮食增产的贡献率达45%。

2016年,农业部召开玉米、大豆、水稻、小麦良种重大科研联合攻关进展情况调度会,称已培育筛选出一批突破性新品种,包括适宜机收籽粒的玉米品种有望通过审定,亩产300公斤以上大豆新品种将助力大豆恢复发展。而黑龙江省大豆的最高亩产年份是1997年,只有160公斤。

农业机械中的烘干机

农业机械包括农用动力、农田建设、土壤耕作、种植和施肥、植物保护、农田排灌、作物收获、农产品加工、畜牧业和农业运输等机械。众多农机中，包括玉米、稻谷烘干机在内的谷物烘干机，只是作物收获机的一类，是家族中的"小弟弟"，发展潜力大，呈后来居上之势。

1981年，随着农村生产责任制的实行，我国谷物烘干机增长38.2%，但总量偏少。1998年，农业部在13个省市开展粮食产地烘干机械化的试验示范工作。2013年全国农作物耕种收综合机械化水平达59.5%，其中小麦机收率超过92%、玉米机收率超过49%，水稻机械收获水平超过74%，但平均机械化烘干率仅10%左右。即便如烘干机使用最多、最早的东三省，粮食部门的烘干机近年仅能烘干处理1/4高水分粮，余为人工摊晒。

从粮安、惜粮角度看，烘干势在必行。每年，全国因雨淋、潮湿来不及晒干或未达到安全水分造成霉变、发芽等损失的粮食将近总量的5%，按年产6亿余吨计算，相当于损失近3 000万吨粮食。收获的水分含量在24%以上的稻谷，10小时内如不能实现干燥，就会发芽霉变。广东每年夏收，常受强台风及暴雨侵袭，导致稻谷受湿、发芽、霉烂，即使如夏收雨水较少的1974年，中山县此类损失仍过百万斤。台湾收获水稻正是台风多发季，风一来，雨不断，成熟或即将成熟的稻谷，常因得不到及时收晒而霉烂变质。每年气象台提前一周预报台风，农民往往不得不在水稻七八成熟时，就匆忙收割。

2009年以后，国内烘干机行业发生大的变化。此前的1998年、2000年和2001年，国家分3批共投资343亿元长期国债资金，建设了1 100多个现代化国家储备粮库，新增仓容520多亿公斤，但烘干设备只增加187台。到2010年，浙江新增烘干机785台，累计达1 351台，烘干粮食64万吨，较上年翻番。2011年开始，烘干设备被列入国家农机补贴目录并被重点补贴，如2011—2014年国家农机补贴目录对粮食烘干机的最高补贴额达12万元。2013年，中央和地方财政补贴购置粮食烘干机6 958台，使用补贴资金3.26亿元，受益农户4 294户，粮食烘干机保有量增至8万多台，烘干总量约为6 100万吨。2015年，江苏省谷物烘干机保有量超万台。

农民的需求和政府的扶持，促进了烘干业的发展。2013年初，奇瑞重工在其大本营安徽芜湖建立了国内最大的谷物烘干机制造基地，每年可制造谷物干燥机械3 000台、热风炉1 500台，形成包括10吨～30吨数字化高端烘干机系列、60吨～100吨批式循环谷物烘干机系列、200吨连续式谷物烘干机、薯片烘干机在内的4大产品平台。

然而，我国粮食烘干机节能减排潜力大。一是单位能耗大。20世纪80年代，国外粮食干燥机单位热耗一般在1 000千卡/公斤水左右，我国为1 500～2 000千卡/公斤水。进入本世纪，发达国家谷物干燥降1公斤水的能耗降到790～1 100千卡，而我国只降到1 200～1 900千卡。二是成本上涨快。与2007年相比，2008年煤炭、钢材、人工费、原材料涨价后，粮食烘干费用提高幅度达30%左右，黑龙江省稻谷、玉米实际烘干费用分别达56.4元/吨和78.9元/吨，比2007年增加15.9元/吨、17.2元/吨。

谷物烘干作业成本

谷物的人工翻晒与机器烘干，在不同时期按不同标准计算，其成本与效率不一。随着技术的进步，普及烘干机乃大势所趋，且使用烘干机能降低作业成本。

先看晒谷成本，以福建为例。2013年，一个劳力日晒1 250公斤谷物，包括装袋、挑谷与翻扒。夏日天气好需晾晒1.5天，冬天需2.5～3天。以平均2天、1个劳力1天130元劳动报酬计算，1公斤谷物晒干成本0.208元。另外，稻谷晒场面积要占去水稻种植面积的0.8%～1.2%，甚至占到2%。

烘干机作业与晾晒比较。2005年，浙江人工晾晒，晴天时1吨谷约晒2天，工日40元，即成本0.08元/公斤；用烘干机10～12小时可干燥谷物3 000公斤，耗油、耗电、人工三项费用约180元，成本0.06元/公斤，比晾晒降低了25%的费用。2011年，在安徽枞阳，一机一天可将20吨水稻的水分从30个点降到16个点，费用500余元；而晾晒，需8人在400平方米水泥晒场翻晒3天，雇工费远高于机器烘干。

还是在福建。2015年，1 500公斤谷物按一男一女晾晒2天计，日工价涨至150元，平均成本上升到0.4元/公斤。而3台烘干机为一组，6人24小时可完成烘干与装卸，日工资200元，共1 200元。每机烘粮14吨，3台共42吨，折算人工费0.028 5元/公斤，另每公斤用煤0.05元、电0.01元，共0.088 5元。总体相比，比人工晒谷成本大大降低。

由于季节不同，早晚稻烘干成本不同。追溯到1962年，广东设计的竖井式谷物烘干机，据管理、运输人员工资和燃料费、电费及维护费等（未计折旧费）成本计算，每吨谷降低含水量1%需费用0.35元。而人工晒谷，中山农场早造每吨稻谷降水1%的费用为0.3元，晚造为0.48元。用烘干机烘干稻谷的费用比早造晒谷的略高，而比晚造晒谷费用降低了27%。

1975年，广东推出74-1型、74-2型简易谷物烘干机，每担烘干费1.6～2元。

1976年，广东简易谷物烘干机由该省一机局在全省推广，每小时烘湿谷500～600公斤（湿小麦400～500公斤），降水幅度10%左右，可保证7～10天不发芽、不霉烂。这样的烘干设备每小时耗煤20公斤、耗电3度，每50公斤湿谷只需0.08～0.1元。1977年，江苏的远红外线粮食烘干机，每小时耗电15度，可烘干粮食1 500公斤。粮食在远红外线辐射场烘道中经过仅20多秒，即可烘去水分3%～5%。烘干1吨稻谷，去水分1%，费用0.2～0.24元，每台造价3 000元。

20世纪80年代初，联合国粮农组织赠送北京几台烘干机，一机几天可烘干几十万斤小麦。该烘干机每小时烘干小麦7吨，耗油80公斤，每公斤电耗0.076度，每公斤烘干成本0.01元，粮食降水5～10个百分点。

晒谷与烘干比。如《农民日报》2000年报道，一台低温循环烘干机作业成本为0.06～0.08元/公斤，按微利收取0.14～0.16元/公斤，每亩水稻生产成本增加50元。

烘干经营也有亏损的。2004年，有人分析湖南烘干机推广慢之原因，说一些品牌机脱水率每小时2%以下，作业成本约0.06～0.08元/公斤，按亩产500公斤算，每亩水稻多了40元烘干费。而该类机价约5.5万元，按10年折旧，年折旧费5 500元。烘干谷物总成本为0.207～0.257元/公斤。若以0.2元/公斤收费，无疑经营亏损。总的来看，这将成为过去，烘干是趋势。

烘干节能，有潜可挖。2014年，常熟烘干1公斤稻谷，烧煤油需0.14元，烧煤为0.1元。而用谷糠作燃料，成本仅0.06元。

中国粮油书系第三卷之
石粮走笔（上）

史海钩粮

Shihai Gouliang

苏区借谷

中华苏维埃共和国成立后,脱产的红军部队、苏维埃政府工作人员、小学教师,共约20万人。粗略估算,年需粮食上百万担。为保粮食供给,中央苏区开展过3次借谷运动,并通过发行借谷证和借谷收据,向群众借谷104万担。

1933年3月1日,中华苏维埃共和国临时中央政府发布第20号训令,决定在中央苏区向群众借稻谷,供应红军军需。训令规定了群众自愿借谷的办法,并因战事紧迫,要求各县在3月份内办完此事。

1934年6月,中央发出《为紧急动员24万担粮食供给红军》的信,指出由于红军的扩大与战争的急剧开展,要求以更大批的粮食供给英勇作战的红军,决定通过群众性的节省3升米、没收地主的粮食、征收富农的粮食、发动群众借谷等途径筹粮,8月初基本完成筹粮任务。

1934年7月,中央又发布"秋收中借谷60万担"的决定。9月30日,临时中央政府粮食部部长陈潭秋宣布借谷任务圆满完成。

兴国县委制定了党员和干部带头节省粮食制度。借谷运动,1934年6月分配兴国1.2万担,完成20 291担;7月分配5万担,完成5.1万担。兴国县征粮走在全苏区前列,获中央人民委员会"布尔什维克的粮食动员"红匾,被中央政府主席毛泽东称赞为苏区模范县。

处在中央苏区核心地带的瑞金县(今瑞金市),在"24万担借谷"中,一个月完成1.12万担,超额400担;在"60万担借谷"中,向各县挑战,一次就借谷5万担。瑞金先后借出粮食25万担,为苏区各县最多,成为粮食总动员的模范县,苏维埃政府赠其"粮食运动的模范"红匾。

1934年4月,时任临时中央政府人民委员会主席的张闻天签发《为节省运动的指示信》,规定立即开展每人节省3升米捐助红军的群众运动。他自己每天也只吃两顿，常吃杂粮，不到一月，节米3升。

江西省苏维埃政府主席刘启耀4月份开始自带伙食办公，老婆挑米去宁都探望，嗔怪说："老公老公，饭要我供。"刘启耀应道："革命成功，吃穿不穷。"1933年冬，约8万名中央苏区的干部自带饭包。

政府机关工作人员尽可能用麦子、豌豆、番薯等杂粮和青菜充饥，停止制作米粉、米糕、米糖、米饼，节制家禽饲养粮的消耗。

有人认为，1934年借谷运动不久，红军就被迫战略转移，借谷票大多无法兑现，好几十万担粮食无法带走，其下落存有争议。苏区管粮甚严，代号为"江西老表"的红军干部，因倒卖两担红军急需的粮食被判处死刑。最新研究表明，1934年10月长征之前，粮食供给自然纳入转移计划。仅瑞金就动员1万人，组成运输队为红军运谷17万担。有人分析，红军每人随身带走十天半月的粮食，还留了些给兄弟部队，发还了部分给老百姓，剩下的应已毁掉，不可能留给敌人。

至于谷票，苏区人民发起过退还谷票运动，不再要政府还谷。新中国成立后，持有借谷票的，可凭票抵作公粮，也可兑换现金。

野菜充饥志更坚

长征时粮食极度紧张,野菜成了"活命菜"!多少年来,红军对野菜念念不忘。

少将陈海涵夫人陈逊说过罗荣桓拔草充饥的故事:即将走出草地的有天早晨,红三军团政治部主任罗荣桓连口野菜汤都没喝便出发了,下午饿至极点,便独自扯了把青草嚼着,却怎么也咽不下,通讯员发现后遂向营教导员陈海涵报告。当临时煮成的一碗野菜汤送到罗荣桓面前,他便警觉起来,盯住陈海涵问哪来的?原来,煮汤所用的干枯野菜,是在问过几百号人后,最终从留点菜叶以备救急的炊事班长那儿找到的。罗荣桓接过碗,动情地说:"谢谢同志们啦!眼下整个部队都在挨饿,这碗野菜我怎么咽得下去?还是送给伤病员吧!"毛泽东主席事后得知,颇为动情,高度称赞。

野菜果真如此珍贵?率红二方面军长征的总指挥贺龙回忆,二方面军走在最后头,吃的野菜野草最多,有30多种,能记起的有车前草、冬寒菜、人参果、脚鸡苔、黄花菜、水芹菜等16种。还有人回忆,好点的野菜,比如灰灰菜、牛耳朵大黄已被前头红军吃尽,走在后面的279团只能吃茅草根、芦苇根,喝盐巴水。吃后拉不出大便,干部战士互相用树枝掏。

于东在《草地上的最后脚印》中写道:许多叫不出名字的野菜,大家只好据其特征临时命名,有的则是看谁先采到或采得多,就以该战士之名叫"小李菜""大赵菜"。红军遍尝野菜,并以其味为标准排名,前10名是:灰灰菜、大黄叶子、野芹菜、野韭菜、籽籽菜、苦丁菜、刺儿草、花菜、锯齿菜、野蒜。像大黄叶子、籽籽菜这些烤干后又可代作烟丝的野菜,也名列其中。

吃野菜,有风险。三过草地的女红军莱玲讲述长征路上卫生营的战士饿得饥不择食，见到野菜就采，食物中毒时有发生。为此，营党委提出党员先品尝，明确一个党小组品尝一种野菜，试吃后作为标本下发部队。某连队副指导员带头试吃，中毒后倒下，竟再没爬起来。

这样的风险，在王愿坚的《草》里就有描述，周恩来副主席关心吃野菜中毒的战士并亲尝毒草、口述感受的情景真实感人，此小说被收入中学语文课本。一同收入的还有《草地晚餐》，是红军战士刘坚写的朱德总司令挖野菜、让稀粥的故事。因筹粮困难，朱德还在红四方面军过草地前夕，请教老乡后组成采野菜大队，一天采集60余种可食用野菜。

野菜故事，值得铭记。红四方面军干事刘毅留有两株过草地采集的黄花草。黄花草是主要野菜之一，虽有毒性，但食后无生命危险，也能解决草地野菜并不多的问题。1975年长征胜利40周年，他将其捐赠给中国革命博物馆。红一方面军总部有位叫老周的炊事班长，省下辣子汤给战士暖身，自己却背着一口缴获的铜锅，在寒冷之夜牺牲于海拔4 000米的空旷草地。他曾指着煮过野菜的铜锅说，待新中国成立后，要为后代煮一锅野菜，让他们知道打江山的艰难。

野菜拯救了革命，锤炼了革命者，一如《长征组歌》所唱：风雨浸衣骨更硬，野菜充饥志越坚；官兵一致同甘苦，革命理想高于天。这首歌曲的作者，正是18岁开始长征、过草地时成为师政委的肖华上将。

野菜读物变迁大

野菜古籍，明代最有名气，且多与荒年充饥有关。鲍山7年隐居乡土，艰苦访查，在前人成果上编成《野菜博录》，"自序"说"今所得若干余种，共四百数十种，皆予亲尝试之"。王磐的《野菜谱》所录野菜虽只有60多种，但配有图、附有诗。写猫耳朵草的诗云："猫耳朵，听我歌。今年水患伤田禾，仓廪空虚鼠弃窠，猫兮猫兮将奈何？"还有朱橚的《救荒本草》、周履靖的《茹草编》等。

新中国成立后，1951年《人民军医》发表《富有营养的野菜苜蓿》，介绍这种空场路旁触目皆是的野菜时，还在津津乐道地阐述其营养与美味，实际上，部分人靠着吃野菜缓解着当时的粮食紧张状况。该刊还介绍过灰涤菜、扫帚菜、野苋菜、芙秧子、车前菜等40多种野菜，其食用法多为嫩叶或茎加油盐炒食或煮食，并称所含营养物质不比蔬菜低或更丰富。

三年困难时期，野菜充饥已不鲜见。群众对野菜认知有限或饥不择食，加之有些野生植物外部相似，有些同名却并非同一植物，有些只能选部位吃，有些只能择季吃，1960年初，一些地方发生中毒事件。如误食苍耳子后，河南省兰考县1 100余人中毒，38人死亡；山西省3 800多人中毒，54人死亡。不少农民因吃腐烂变质的蔬菜、树叶和野果，出现青紫病。当年，国务院发出《关于在采集和制造代食品运动中严防中毒事故的紧急通报》，推介中科院植物研究所编印的《北京野生食用植物》《北京习见有毒植物》，要求各级科研部门参照此类内容，因地制宜，对当地野生植物，尽速编印一些通俗易懂的小册子和宣传资料。各级卫生部门要尽速编印检验代食品有无毒性、除去代食品中所含毒性以及中毒后抢救解毒的简单方法的资料。这些小册子和资料发到生产队，使之家喻户晓。

其实，早在1960年9月，河北省卫生厅、粮食厅配合度荒，合编了《野菜和代食品》。该书绘有野菜彩图,写明其名称包括别名、特点和食法。到12月,有的省合编或分册印发"有毒植物""野生食用植物"资料。如中国科学院河南分院的《河南习见有毒植物》、四川分院支援农业办公室的《四川常见有毒植物》、华南植物研究所的《广东常见有毒植物》,浙江省科学工作委员会的《浙江习见有毒植物》、安徽省科学工作委员会的《安徽省常见有毒植物手册》、中国科学院武汉植物园的《武汉习见野生有毒植物》。1961年,北京农业科学院编印《北京地区食用野生植物和有毒野生植物图谱》,群众出版社出版《几种常见的有毒植物》、南京药学院、中国医科院江苏分院合编《江苏省有毒野生植物图谱》、中国科学院河南分院生物研究所编有《河南野生食用和有毒植物介绍》、安徽省科学工作委员会编有《安徽常见有毒植物》、中国科学院昆明植物研究所编有《云南常见的有毒植物》。而在粮食不显紧张的1958年,湖南省科学技术学会印有《野生植物酿酒操作方法》。

改革开放后,《野菜志》《野菜食谱》《中国野菜图谱》《中国野生植物开发与加工利用》之类的书籍,雨后春笋般涌现,但时过境迁,此与温饱问题已不搭界。如今淘宝网可购纯天然野菜,人们正享受着大自然的馈赠。

野菜当粮在国外

最新报道显示，受战乱影响，南苏丹上尼罗州部分地区出现严重粮食危机。一时间无法确认身份的外地人暂时领不到空投食品，只能摘取树叶果腹，这与吃野菜毫无二致。

在印度1953年的饥荒中，农民和工人就是靠树皮、草根和椰子叶为生的。

饥荒之地，往往粮食没了，就吃水果、蔬菜；果蔬吃光了，就找野菜、野草。不是每个国家都盛产野菜，雨热同期的国家，即降雨和高温季节同步的国度，野菜才会生长茂盛。日本、韩国及欧洲大部分国家系海洋性气候或地中海气候，温暖湿润或雨热不同期，不利于野菜生长。但不少国家或地区的气候与土地适合野菜生长，包括缺粮的非洲。

问题是，当野菜、动物生存的自然条件暂不满足的时候，人们吃什么呢？例如，野菜依附生长的土地、家畜赖以生存的草场退化成荒漠。1983—1985年，非洲发生了20世纪以来最大的干旱和饥荒，以前肥沃的田地消失得无影无踪：人腿甚至可伸进地上裂缝的最宽处，毛里塔尼亚的大旱使80%的草地变成沙漠。饥饿的农牧民四处寻觅小动物，挖地三尺，以带壳的甲虫充饥。2000年，埃塞俄比亚800万人沦为饥民。欧加登地区旱情最重，土地寸草不生，牲畜成批死亡，人们只好吃树根或变卖鸡羊自购粮食。

20世纪30年代，在苏联闹饥荒的时候，西西伯利亚农民为了生存，靠剥树皮、挖野菜度荒。在乌克兰南部伏尔加河中游北高加索和哈萨克的广大地区，许多人被迫以野菜和树根充饥。有个叫西马克的回忆道：那时吃过枯草和碾碎的稻草，妈妈用这些东西做馅饼，一家人到处搜寻野菜和腐烂的菜叶，才勉强熬过荒年。苏联作家弗拉基米尔·坦德利亚科夫在小说

《死亡》中写道：彼得拉科夫斯卡亚村的牲口因没有饲料都死光了，人们吃的是荨麻草和湖荻做的面包及独活草做的粥。

朝鲜粮食问题世人瞩目。世界粮食计划署朝鲜事务发言人杰拉德·布尔克2005年说过，尽管这几年朝鲜的情况有所改善，但其粮食状况再次陷入绝境。人们正在找寻草根、蕨类植物和野果充饥。瑞士的平壤发展合作机构领导人卡塔琳娜·齐薇格也说过，人们在田野里和山丘上挖草根和拔野菜。而抗美援朝战争中，因敌人封锁运输线等原因，志愿军的粮食供应出现了困难。志愿军党委提出"打野菜，解决菜荒困难"的号召，有的部队以野菜充饥达1月之久。

如今，山野菜出口市场看好，但已是改善生活之需。日本是我国山野菜的最大市场，每年出口创汇达6 000万～8 000万美元，山野菜贸易量曾占全球贸易量的85%以上。20世纪末，我国每年向日本出口盐渍山野菜三四万吨，主要是盐渍蕨菜、盐渍刺嫩菜、黄瓜香、榛蘑等。另外，还向日本出口干品山野菜两三千吨，主要是蕨菜干。韩国每年蕨菜干的需求量达1 800多吨，我国北方蕨菜成其首选。

台湾的谷物干燥

台湾通常将谷物或稻谷的烘干称为干燥。稻谷干燥机械的研究，1953年始于台湾大学。此后，台湾农业试验所连续研究开发循环式干燥机。早期，台湾以研发生产静置式稻谷干燥机为主。该机器使置于干燥箱、干燥筒的稻谷不需搅动，便可烘干，1961年开始向市场供应。

台湾的谷物干燥机于20世纪60年代中期发展起来，20世纪70年代生产厂商有23家。1986年，全岛稻谷干燥作业机械化程度为66.6%，2006年达到90%左右。进入21世纪，各种稻谷干燥机超过5万台，并行销30多个国家。

每年的5~6月间，是台湾稻谷收获的关键期。但1964年、1965年的这个时候梅雨不断，以致稻谷发芽、霉变，机械化烘干技术遂被重视。

三久股份有限公司（以下简称三久公司）创造了奇迹。

1966年，三久公司生产出台湾地区第一台燃油式小型箱型干燥机。但以后的几年稻谷收割时都赶上晴天。8年中，三久公司每年仅能销出几台。但三久公司没有气馁。1974年，政府通过购机补贴、低息贷款，大力扶持农民购机。经过竞争，20世纪90年代干燥机生产厂仅剩三久公司、三升农机股份有限公司两家，而三久公司的市场占有率一度为76%。

1993年，三久公司在上海设厂，针对多地干燥作物及使用环境，开发出的粗糠型干燥机使用砻糠作燃料。远红外线低温干燥机可搭配燃油、燃柴、天然气；燃油干燥机可改装为粗糠、燃柴或天然气，且稻麦、豆类、玉米、菜籽、高粱等均可适用。而专烘玉米种子的大型箱式干燥机，也适用于杂粮、饲料干燥。2015年，宁夏回族自治区农牧厅与台湾三久公司达成在宁夏建设稻谷烘干装备、技术、管理的示范合作项目意向。2015年，宁夏昊王米业集团有限公司引进了5台粮食低温烘干设备，仅稻米烘干这一环节使整精米率从53%提高到59%。

2006年，广东省赴台湾农业机械化考察团了解到，台湾1975—1978年实施"加速推广稻谷干燥机4年计划"，预定4年内推广各类型稻谷干燥机约2万台，到1979年底实际推广2.5万余台；农民个体购买干燥机，农委会直接补助整机价的22%～35%，各县市及乡镇政府再每台补助1万～3万元，补助款以外余额分7年低息贷款并补助利息。

在台湾，大吨位干燥机的发展，让专事粮食干燥的企业应运而生。干燥机由1.8吨逐渐增大为几吨、十几吨、几十吨甚至上百吨后，小型干燥机企业自动转产或停办。相比于20世纪80年代初90%的农户购买小型干燥机，到21世纪90%的农户不再新购。大型干燥企业还直接收购或收储稻谷。为鼓励规模干燥，台湾农委会对农会设立的大型干燥中心，几乎全额补助。碾米厂、粮商设立大型干燥中心，农委会补助全部设备的30%。1999年，福建省农机学会经贸团在台中县雾峰乡源福顺干燥中心等3户大型干燥中心，看到二三十台谷物干燥机并排串联成线，蔚为壮观。当地水稻收割后即送中心干燥。

优质米推广也离不开干燥。1976年起，台湾省办理的"辅导良质米产销计划"，旨在生产小包装良质米供应消费者。政府辅导农民在良质米适栽区种植推荐品种，并以良质米栽培及干燥方法调制生产。许多农会开始经营小包装米及良质米，并对设立干燥中心产生了浓厚的兴趣，因而1988年底共申请设立干燥中心66处。

古今粮食港口

汽车、火车问世前，大宗粮食靠水运，港口是水陆交通的集结点和枢纽。

千百年来，水运尤其是海运，尽力地满足着缺粮地区人们对粮食这一大宗商品的需求。

国内运粮，内陆水系占有重要地位，多利用普通码头装卸。乾隆时期，粮食年均运量在465万吨以上。其中，长江水系不低于138万吨，运河水系176万吨，淮河水系82万吨。

海上运输的兴起，促进了轮船业的发展。轮船由1900年的481艘，增至1912年的2 332艘。商人或船员随船遨游大海，途中看到域外丰收的庄稼、兴旺的米市，可能会把粮食买回，这需借助港口、码头。清政府鼓励进口粮食，使得粮食进口更为活跃。19世纪后半叶，每年进口米几百万担，个别年份上千万担。水运的发展，使得不少通商口岸所在城市，如上海、广州、武汉等地，以大米为主食。

汉代建立的广州港，与东南亚和印度洋沿岸各国通商。从康熙中后期起，闽粤海商开始从泰国、越南等国带回粮食。道光十一年（公元1831年），进入广州港的进口粮船达17艘，装米592万斤，谷93万斤；道光十二年（公元1832年），粮船29艘，装米1 226万斤，谷15万斤。1923年，广东进口大米1 699.6万关担（1公担=1.654关担=2市担）。

天津港自唐代以来形成海港，1860年正式对外开埠。日本占领天津港期间，通过天津港运走了我国北方出产的各种粮食。日本1945年投降后，通过天津港进口的粮食约占我国总进口额的11%。

19世纪70年代成为全国航运中心的上海港，也是中国最大的粮食转口贸易之地。早在元世祖至元十九年（公元1282年），朝廷令上海总管罗壁等造平底海船60艘，运粮4.6万余石，从海道至京师，自太仓刘家港（今浏河镇）入海，历海宁州（今连云港）、胶州海面，入渤海，抵直沽杨村码头（河北武清），航程1.34万里。20世纪30年代有篇《上海米业调查》的文章，称近至宁波、温州、绍兴，远至北方诸口岸如天津、烟台、牛庄，以及华南的广东、福州、厦门、汕头等地，都是上海米粮转口的供应范围。

始建于1899年的大连港，承载着东北地区大多数进口大米的转运，1914年突破30万担。

今日中国粮食港口与运输，令世界刮目相看。从运输船舶看，中华人民共和国成立初期内河运输有木帆民船近40万只，载重约453万吨，平均每只船载10吨左右。2013年底，拥有水上运输船舶17.26万艘，其中远洋运输船舶2457艘，平均净载重3万吨。利用其部分船舶，仅长江干线主要港口企业运粮就达1256万吨。

从沿海港口看，20世纪70年代前，港口装卸粮食的码头以低效率的袋装及门机抓斗作业为主。20世纪70年代，以上海港、广州港、湛江港为代表，相继建成首批散粮码头；20世纪80年代中期后，又建成了以天津港、大连港、连云港、秦皇岛港为代表的现代化散粮码头。万吨级以上泊位中，2001年散装粮专用泊位24个，2013年增为36个，年均增1个。上海港，主要装卸货种为粮食的泊位有10个。天津港，形成了以集装箱等为四大支柱、以粮食等为重点的货源结构。大连港散粮码头正成为东北最具竞争力的粮食转运中心。

野生稻概说

水稻起源有"籼粳同源"和"籼粳异源"之说。现代稻作科学主要奠基人丁颖提出：籼稻是基本型，粳稻是变异型；野生稻演化为籼稻，籼稻再演化为粳稻。稻作学家周拾禄认为：粳稻起源于安徽的偏粳型野生稻，后扩至全国多地；籼稻可能是在印度驯化后传入中国的。如后者所说，籼粳两稻各有祖先。至今，水稻单一起源论和多种起源论的假说尚无定论。

野生稻是研究稻种起源和进化的宝贵资源，属国家二类保护植物。据1978—1982年调查，我国丰富的野生稻资源分布在广东、海南、广西、云南、江西、福建、湖南、台湾等8省区的143个县市。

20世纪七八十年代，约有野生稻种的1 100个样品储存在国际水稻研究所，有相当一部分的亚洲采集样品保存在印度中央稻作研究所、日本国立遗传研究所、中国一些省级农科院及台湾省植物研究所。各国间不断进行野生稻引进科学实验：广西农科院作物品种资源研究所从日本、泰国等引入外国高秆野生稻等15个野生稻种共98份，种植在南宁；江西的野生稻在日本三岛的自然条件下出了穗；印度尼西亚的野生稻在日本三岛虽然被给予了种种的生长条件也难出穗。

野生稻存在诸多基因，而栽培稻中没有。栽培稻的遗传多样性不及野生稻，野生稻中的许多基因在栽培驯化中消失。2002年，全球307项有关水稻的生物技术专利，相当部分源自对野生稻的研究。

利用栽培稻与野生稻进行远缘杂交，是创新种质的重要途径。这种杂交稻同时也具抗稗子之效。稗子是恶性杂草，与稻子争夺吸收稻田养分。中国水稻研究所观察无芒稗对野生稻的影响，发现两种野生稻存在显著的抗性作用。

人类活动丰富多彩，但资源被过度开发便会损害环境，野生稻资源也是如此。垦荒、水利建设、公路、铁路等，毁坏着野生稻的野生状态。曾几何时，成千上万的劳动者锄挖肩挑，见到野生稻尚有人惊呼。如今，现代机械大显身手，地上植物顷刻化为乌有，很难有人察觉。20世纪50年代，台湾省桃园县多处生长着野生稻，到七八十年代几近绝迹。因而，野生稻保护事宜提上日程。

2003年和2007年，中国农业科学院作物科学研究所分别在南昌和海口召开两届全国野生稻大会，成立了全国野生稻保护与可持续利用协作网。第三届全国野生稻大会于2012年在南宁召开。会上，专家认为，我国野生稻资源被破坏的趋势未得到根本好转，野生稻利用同国家重大发展需求相差甚远，应重点开展野生稻保护的技术和方法研究，探索野生稻有利基因发掘的新途径。

保护野生稻资源，主要措施是冷藏种子、秧苗移植后盆栽、原生地建立自然保护区。1990年，国家种质南宁野生稻圃，收集保存19个类品 5 260份野生稻资源，是中国野生稻资源保存最多的稻圃。国家种质广州野生稻圃，采用种茎盆栽保存，使用围墙、喷灌和遮光设施，保存有野生稻及其近缘种27个种类共 4 383份资源，是世界上种类最丰富的野生稻种植与保存基地。

进入21世纪，国家野生稻种质资源平台在东乡野生稻原位保护区挂牌，高州市成立了野生稻保护研究所，琼海市建有普通野生稻自然保护区。

发现野生稻

全世界已发现27种野生稻,而中国仅有普通野生稻、药用野生稻和疣粒野生稻等3种。第一种的染色体组和栽培稻极为相似,亲缘关系较为接近;后两者则相反。当今,栽培稻广泛种植,难免与野生稻自然杂交,故而难觅与栽培稻完全隔离的典型的纯野生稻。

野生稻早就被人发现,且在栽培稻出现之前,宜种处遍地都是,只是因人类活动、气候变化让它锐减了。至今,野生稻或多或少地存在于多地,只不过在相当长的一段时间内不引人注目而已。当我们的现代技术与发展理念需要利用它时,我们便开始新的寻找,也有了新的发现。

中华人民共和国成立前的发现。英国农业史专家墨里尔1917年在广东省罗浮山麓至石龙平原一带发现了普通野生稻。我国农业科学家丁颖1926年在广州市郊犀牛尾的沼泽地发现了普通野生稻。1884年,德国农业史专家康德尔认为最早开始水稻人工种植的应该是中国人。墨里尔据此说,觉得得去中国考察一下,就这样他来到广州。后来,丁颖曾沿着墨里尔走过的地方多次考察。

中华人民共和国成立后的发现。1954年,云南省思茅县(今普洱市思茅区)农技站的金崇礼听说茅草上长了谷子,次年又从农民手中得到一个穗子,又一年从农民那里得到几株标本,便到云仙一溪边岸上找到了野生稻,其生长区域长约2米、宽1米。野谷仿佛撒播的旱谷一样,生长在一米左右厚的腐殖质土壤上。根是多年生的,次年的新生苗株,系根部附近的芽重发,穗长13~14厘米,有枝梗四五个,每一枝梗结谷两三粒。

1978年,江西省樟树县农校邬柏梁等人,针对前一两年传说的野禾,前往鄱阳湖南侧东乡县(今抚州市东乡区)县城南面的东源公社考察,发现沟渠两侧和附近田块有野生稻自然繁殖生长:分蘖匐型和直立型两种,株高10～100厘米不等；每穗约有枝梗四五个，每穗有28～43粒，结实率较低，随熟随落，极易掉粒。1976年，饶开喜从农校毕业在家乡当农技员时，正赶上野生资源普查，他便上报了家乡江西省东乡的野生稻。1982年春，他从北京捧回了"全国野生稻资源普查、考察、搜集一等奖"的奖状。如今，他正与在江西省农业科学院水稻研究所工作的女儿共同关注省野生稻。

1997年，中国科学院谢中稳、钱韦两位博士带着利用野生稻基因育种的课题，到两广和海南等地普查野生稻资源，在距高州市镇江镇3公里处的大岭村，发现连片15亩的沼泽地生长着野生稻，后又陆续发现100多亩，其中朋山陂头垌沼泽地连片面积达30亩。

没有野生稻，何谈杂交水稻。袁隆平和他的助手在海南岛发现一株野败型野生稻，取样研究培育出水稻三系杂交良种，使中国水稻产量提高15%～20%。这一发现，几乎家喻户晓。

对野生稻的发现、保护仍在进行中。从2002年开始，海南省农业科学院对18个市县野生稻资源分布情况开展了新一轮调查，发现野生稻居群103个，其中普通野生稻居群87个，疣粒野生稻居群11个，药用野生稻居群5个。海南建省20余年，由于开发速度加快，普通野生稻资源已消失83.7%。幸好，国家在海南设立的第一批原生境保护点保护的对象全部是野生稻。

野生稻名字杂谈

名字是事物的称号。透过野生稻的种种称号，可以了解其特性，甚至可以看出人类社会在不同时期对稻的认识和期望。

野生稻谷粒细长，似禾非禾，古书称"秜"。秜（ní）就是稻子今年落地来年自生的意思。这个字，现时用得极少。

"野禾"或"野谷"，是民间对野生稻的通用叫法，这个叫法姑且还算雅致。"野"是郊外、村外的意思，与家园、宅院相对。也许是为体现野生稻的野性、反映野生稻的习性，广西玉林市福绵区人和云南省勐海县人就是这样称呼野生稻的。云南省勐海县澜沧江畔有个灰塘村，村里有个野谷塘，水塘中长有野谷，药用野生稻、疣粒野生稻共生一区，国内除此绝无再有。

广东省高州市村民索性把野生稻称为"水鬼禾"，这一称谓说明稻是一种"不归家"的物种类型。有的地方直接把野生稻称为鬼禾、鬼稻、鬼谷。如此叫法，恐怕与野生稻系地下茎植物有关：它能在稻田像杂草一样危害栽培稻，故人们送它一个带"鬼"字的称呼。"鬼"是宗教或迷信的人所说的人死后的灵魂，"鬼"与荒郊野外愈加贴近。把"鬼"与"稻"联系起来，似乎把野生稻的别名表现得更逼真，更具神秘色彩。

在宝岛台湾，有种叫红须稻的野生稻，茎带红色，谷粒上面也有细长的红色芒刺，成熟时极易脱粒，结穗后大约一周就会掉落土中。农民明明看到的是谷粒，转眼就不见了，感到像是被鬼吃了一样，于是称其为鬼稻、鬼禾或鬼仔稻。

秋末结实后，野生稻籽粒成为鸟儿的食物。于是，广西苍梧县人便叫它为"雀谷"。有的加个后缀词，说成了"雀儿谷"。雀是鸟类的一科，以吃粮食和昆虫为生，这里还可特指麻雀。雀的灵性、动感，让当地人对这个名字欣然接纳、口口相传，外地人也颇觉有趣。

同样是动物，牛吃野生稻的茎秆。广州省高州市的农民，早先曾把野生稻割回家喂牛。有记者在福绵看到一丛丛的野生稻被牛啃食践踏，留下光秃秃的禾根。如此，人能称野生稻为"牛稻"吗？据传，云南省勐海县勐宋乡还真有一种叫"野牛谷"的野生稻，这种稻是从野牛踏的深脚印里长出来的。

民族语言的音译，也成了野生稻的名字。广西隆安县的壮族人把野生稻称为"蒿毕"。"蒿"是稻谷的壮语读音，"毕"是鸭子的壮音，"蒿毕"意为鸭子吃的水稻。也有人把野生稻称为"蒿浪"，"浪"是"野外生长"的壮语读音。还有称"蒿崩"的，"崩"是"往上蹿长"的壮语读音。洪水来临，野生稻往上蹿长，能避淹没之害。

野生稻名还有很多。比如，因栽培稻中夹杂着野生稻，有人称其为杂草稻。杂草稻由野生稻演化而来，边成熟边落粒，来年可生根发芽，且种子休眠期可长达10年，一旦温度、湿度适宜，便会破土而出。另外，因米色之故，有人称野生稻为红米杂稻；因自生自灭，有人称野生稻为自生稻。

然而，"假禾""公禾"等名，也让野生稻颇受委屈。"文化大革命"中，岛崖县南红农场技术员冯克珊，在海南南繁听了袁隆平的课，意识到农场附近匍匐生长着穗粒小而少的"假禾"，可能就是野生稻。江苏省东乡野生稻管理办公室负责人饶开喜当年回家割稻，碰上一丛野生稻，父亲告知他那叫"公禾"，不会扎根，自生自长。

野生稻与纬度

过去,国内外专家一直认为,因冬季寒冷,野生稻只能生长在北纬26°以南的区域。王象坤教授"普野引上山演化为粳,引向洼地演化为籼"的假说依据是:籼稻较适宜低纬度、低海拔的湿热地区种植,粳稻较适宜高纬度或低纬度的高海拔、温度较低的地区种植。

野生稻蕴藏着的耐寒、耐旱、耐瘠等有利基因,使它得以享有"植物大熊猫"的美誉。其中耐寒是一个重要因素。随着野生稻发现地域的扩大,"北纬26°以南说"的观点被频频打破。

北纬25°附近,普通野生稻分布较少。但有野生稻生长的广东省仁化县,广西壮族自治区桂林市及罗城县、临桂县、永福县,湖南省江永县,纬度均超过北纬25°。湖里湿地野生稻所在的湖南省茶陵县,地处北纬26°30′~27°7′之间。高纬度下野生稻的耐寒特征,让育种专家欣喜不已。

最北分布标志着野生稻最具耐寒特质。《科技日报》曾以"我国'最北野生稻'在保护中繁衍"为题,介绍东乡县野生稻面积从21世纪初濒危时的1.5亩扩展到2014年的28.9亩,从当初小面积种树保护发展到现在140亩范围的围墙保护。东乡县岗上积镇的野生稻位于北纬28°14′,极端低温为-8℃。如此高纬度有野生稻,野生稻还有如此的耐寒基因,真是野生稻生命力的新见证。湖北省农业科学院地处北纬30°37′,多年来对多省野生稻进行耐寒性试验,发现东乡野生稻能安全越冬。

1978年,东乡野生稻的发现,使得我国普通野生稻分布纬度极限北移3多。在经线上,纬度每差1°,实地距离大约为111公里,北移3°多至少就推移了333公里。从种植角度看,这在地理上并非一个短距离。专家指出,江西省东乡、湖南省茶陵野生稻的更多发现,对在纬度26°一线的偏北地区寻找野生稻具有启发意义。史前时期的江南气候比现在温暖得多，这正是普通野生稻能在此地区繁衍的重要原因。但这一地区在1978—1982年的全国野生稻资源普查中，有些地方尚未有人去考察，那里有无野生稻尚无定论。

专家试验表明，普通野生稻的遗传多样性在纬度间有较大差异：在北纬23°以北，随着纬度的增加，其遗传多样性逐渐降低。原因是那些地方年均光照时间减少，年均气温降低，影响了野生稻的生长。但栽培稻却不受此限制。籼稻是由野生稻演变成的栽培稻，粳稻是籼稻由南向北引种后逐渐适应低温的变异型稻。我国水稻种植已突破北纬48°的禁区。2011年，位于北纬48°42′35″～51°00′05″的黑龙江省嫩江县，试种水稻1 500亩，亩产均在500公斤以上。2012年，位于北纬51°8′20″的黑龙江省呼玛县三卡乡，35亩水稻试验基地种植获得成功，实现高寒地区水稻种植零的突破，成为全国纬度最高的水稻种植区，被称为"最北的稻乡"。

黑龙江北纬48°～51°区间，有耕地面积2 000万亩左右。在包括黑龙江在内的中国北方、朝鲜半岛、日本等纬度较高的地区，稻米一年只能收一次。而在东南亚、中国华南地区等纬度较低的地区，稻米一年可以收三次。

国外野生稻

稻属野生种，广泛分布于亚洲、非洲、拉丁美洲和澳洲的77个国家，它们的共同祖先生长于1.3亿年前的冈瓦纳古大陆。该地是一个经推测存在于南半球的古大陆，也称南方大陆，它因印度中部的冈瓦纳地方而得名。由于冈瓦纳古大陆的裂解和漂移，稻属植物遂散布于世界各地，进化为不同的野生稻种。

野生稻资源的种质库保存量超过2.1万份，其中印度保存有各种野生稻材料1 591份、日本2 263份、国际水稻研究所4 447份。国际水稻研究所是一个自主的、非营利性的、国际性的水稻研究机构，是国际农业研究磋商组织下属的15个农业研究中心之一，总部设在菲律宾。美国于2005年启动了野生稻种全基因组测序项目，拟建立一个宽广的野生稻种全基因组图谱，以研究野生稻的进化关系，推动目标基因的定位和克隆。

亚洲野生稻的分布领域，遍及亚洲湿润的热带、亚热带的全部地区，尤其是在热带大陆地区。在南亚次大陆，多年生类型的野生稻主要分布在恒河两岸和东、西部沿海地区。一年生的野生稻群落广泛分布在印度内陆（中央）地区的排水沟渠和浅水池塘旁。该区域的越南、老挝、柬埔寨的普通野生稻居群亲缘关系较近，这与三国地理位置相近是一致的。

美洲野生稻是自然生长于美国东北部湖沼地区的一年生稻科植物。美洲野生稻的栽培，1963年始于明尼苏达州，1985年栽培面积达到约1万公顷。1977年后，野生稻在加利福尼亚州开始用于水田栽培，大约有7 000公顷。此外，在威斯康星州、爱达荷州也有小面积栽培。威斯康星州、爱达荷州的美洲野生稻主要分布于五大湖的周围和西侧。在加拿大，野生稻虽然主要是从野生群体中直接收获，几乎没有栽培，但是为了扩大野生群体，人们还是进行了人工播种。

美洲阔叶野生稻等3个物种全部分布在中美洲和南美洲，墨西哥、阿根廷以及加勒比群岛都有分布。而高秆野生稻等两个物种只在南美洲亚马孙河流域被发现。大颖野生稻可在深水中生长，在上涨的水中能自动拉长茎节。高秆野生稻多生长在池塘边、湖边，在大草原的分布多于林中的栖息地。

在坦桑尼亚、肯尼亚、乌干达等东非国家，野生稻和杂草结伴危害水稻的生成，成为东非地区水稻生产的严重障碍。东非地区野生稻有三种类型：以种子繁殖传播的野生稻，主要有白芒野生稻、大红野生稻；以地下根茎繁殖扩散的多年生野生稻；靠根茎和种子繁殖的兼容型野生稻。

从国家种质广州野生稻圃保存的国外野生稻看，按种名划分，巴蒂、斑点、逢戈尔、上沃尔特、长药野生稻来自非洲，高秆、大颖、阔叶野生稻来自南美，普通野生稻来自东南亚、南亚，一年生野生稻来自东南亚、南亚、非洲，药用野生稻来自东南亚，澳洲野生稻来自澳洲，短药野生稻来自西非、中非，紧穗野生稻来自东非、中非，颗粒野生稻来自东南亚、南亚，马来野生稻来自东南亚，多年生野生稻（古巴型）来自南美、西印度群岛，光稃稻来自非洲、美洲，其他来自国际水稻研究所。

野生稻文化

中国野生稻的取名，关联文化。药用野生稻对许多常见病害及逆境具有抗性和耐受性，很少发病，但本身无药用价值。疣粒野生稻也叫瘤粒野稻，听起来有点费解，但若了解其特征则好理解，主要是颖壳无毛，有不规则疣粒突起，即表面具不规则小疣点。至于在南方分布较广、杂交结实率高的野生稻，就叫普通野生稻。

多本专著研究了野生稻。较早的有中国科技出版社1990年出版的吴妙燊的《野生稻资源研究论文选编》，该书精选1977—1990年有代表性的论文41篇，包括野生稻资源、普查、考察、搜集、鉴定评价及开发利用。作者主持的"广西野生稻资源普查考察搜集"项目，曾获农业部技术进步一等奖。还有1991年农业出版社出版的中国农业科学院作物品种资源研究所的《中国稻种资源目录（野生稻种）》。

广西科技出版社出版的著作较多，2002年有庞汉华的《中国野生稻资源》，2012年有陈成斌的《广西野生稻考察收集与保护》，2013年有梁世春的《广西野生稻原生境彩色图谱》。

其他省份，2000年湖南科技出版社出版的伏军的《中国野生稻与稻的远缘杂交》，2004年气象出版社出版的杨庆文等编的《中国野生稻研究与利用：第一届全国野生稻大会论文集》（收录论文40篇），2006年中国农业出版社出版的陈成斌等的《野生稻种质资源描述规范和数据标准》，2007年广东科技出版社出版的宋东海的《利用野生稻培育丝苗米品种的研究》，2010年中国农业科技出版社出版的孙希平的《中国野生稻的保护与利用》，2016年科学出版社出版的程在全等编著的《云南野生稻遗传特性与保护》。

游修龄编著的《中国稻作史》、应存山主编的《中国稻种资源》等，有章节涉及野生稻。

央视《走遍中国——走进株洲》第五集是《神奇的野生稻》，2011年播出前的节目预告说，从野生稻当中提取优良基因育种栽培，农科界从未停止过脚步。如果栽培稻像野生稻一样成为多年生水稻，无虫无害，那么粮食不会再有危机。

中国对于野生稻的保护是一个国家命题，更是放眼世界的紧迫使命。

2012年，央视《农广天地》播出《探寻"植物大熊猫"——野生稻》，告诉人们一棵野生稻会带来无尽的收获，而在它宝贵的基因背后，有很多至今仍然未被人们完全认识的科学奥秘，将为人类未来解决粮食问题提供无限的可能。

野生稻驯化成栽培稻，历经漫长年代。即使开始食用采集来的野生稻米之时，尚不能证明开始农业种植。2016年，我国首部稻作文化纪录片《稻之道》在央视科教频道推出，第一集《稻之源》以考古为依据，说到人类在一万几千年前开始将野生稻驯化为栽培稻，证实了中国是现代栽培稻的起源中心。第四集《稻之人》讲述一株不起眼的野生稻成功打开杂交水稻研究大门的故事。第六集《稻之恒》的看点是野生稻资源保护。

2009年上映的电影《袁隆平》，也讲述了从寻找野生稻到野生稻和栽培稻杂交成功的故事。

有的地方打野生稻旅游牌，也有效果。广州市首个集保护与观赏旅游于一体的野生稻自然保护区在增城市建成，引来游客观光。

稻草人的演变

农民扎稻草人驱赶鸟类的历史，恐有千年。这一人偶现象，看似简单，其实渐趋复杂，现已成为水稻收获后的一门艺术甚或一个艺术节。人们从中可尽情领略稻草风情，深刻感受稻草"生命"。

农民扎稻草人活动基本演绎在稻区，展现的是人们耳熟能详的历史人物、卡通人物、游戏人物，还有神话故事等场景。其场地可像稻田画一样设在田野，也可在公园、剧场、开发区等。虽其制作方式与稻田画大相径庭，但也有吸引游客、愉悦心情、拓展文化、丰富生活之效。

影响较大的苏州太湖国家湿地公园稻草人艺术节，自2010年至2015年已连办六届。从首届千余个造型奇趣的稻草人，到近届更注重游客参与，场面热闹非凡。2013年，水稻大省湖南在省会长沙世界之窗举办"我们都是稻草人——湖南首届稻草人艺术节"，扎制的稻草人逾2 000个。

稻草人创意已融入专业之中。广东职业技术学院2012年首届"盈香杯"稻草人创意设计大赛，有兴趣的在校生与家庭提交的方案一旦通过，即可围绕童话世界、动漫世界、农耕之乐、浪漫之恋的主题扎稻草人。苏州工艺美术职业技术学院将二维平面设计的稻草人进行三维立体的艺术化处理，先用钢筋、铁丝制作造型骨架，再在金属骨架上编结、缠绕稻草和草绳，最后用专用颜料在稻草人表面进行形象细化装饰。

稻草人艺术节连接企业文化。2014年，湖北彭墩集团在彭墩乡村世界旅游景区打造稻草人主题艺术公园，举办首届稻草人艺术节，展出形态各异的各色稻草人3 000多个。

前述"盈香杯"赛，贫困学生假期可参与稻草人创意活动，佛山市高明盈香生态园还提供食宿。

稻草人节少不了打儿童牌。为时两个月的2014无锡梅园首届稻草人艺术节暨妙曼虞美人展于六一后结束；2015年六一前夕，昆明西山风景区拉开云南首届稻草人艺术节序幕，景区有孙悟空等卡通、聂耳等名人造型；江苏泰州市童心游乐节暨第一届稻草人文化艺术节，有稻草人及编织产品展示周与摄影周活动，有儿童学编草绳、草鞋的草编劳动；浙江省长兴县首届稻草人节暨亲子嘉年华活动，400多户家庭参加DIY（自己动手）大赛，17户获奖。

近年，稻草人活动趋多。2015年，福建省漳州的"稻草嘉年华"出现了800平方米稻草人迷宫，游客可穿旧衣、戴草帽参与制作；天津市宁河县在湿地公园举办冰雪稻草人节；宁波市甬城举办首届稻草人魔法节；四川省三台县首届农耕文化艺术节有千余个稻草人；江苏省盐城稻草人艺术节迎客老寿星高达8米。在湖南，石门县首届稻草人文化旅游节展示的稻草人过千；国庆节到新化县紫鹊界梯田欣赏稻草人的游客一日过万；浏阳市古港镇的关公等稻草人造型气派不凡。

在台湾，2012年，国光剧团演出新编儿童京剧《三国计中计》，剧中"草船借箭"段落，稻草人由真人扮演，小朋友可领一支安全箭，射向穿梭于观众之间的稻草人，这个情景使演出达到高潮。

在国外，日本稻草人艺术节的稻草雕塑以香川县、新潟县最为有名，大象、海龟、招财猫等动物，金刚、坦克等玩物，体型巨大，格外醒目。法国从2006年起举办稻草人节。美国农场主也在田间创作稻艺品。